AF275489

EL FESTÍN DE BABETTE
COLECCIÓN MISHKIN DE NARRATIVAS

Friedrich Gorenstein

Vuela un aeroplano

Fantasía libre
a partir de la vida y obra
de Marc Chagall

Traducción del ruso: Fernando Otero Macías

MISHKIN EDICIONES

Título original:
Летит себе аэроплан (кинороман о Марке Шагале)

Publicado por:
Mishkin Ediciones, S. L.
Calle de Cervantes, 14, 28014 Madrid
www.mishkin-ed.es
mishkin@mishkin-ed.es

© Primera edición: Aufbau-Verlag GmbH, Berlín 1996
© Dan Gorenstein, 2019
© De la edición en España: Mishkin Ediciones, S.L., 2019
© De la traducción al español: Fernando Otero Macías, 2019

ISBN: 978-84-120259-1-0
Depósito Legal: M-19073-2019
Diseño de cubierta: KEN, Mutilva Alta (Navarra)
Diseño de la colección: Nacho Urbina (Madrid)
Ortotipografía: Vanesa G. Cazorla
Impresión: Calamar Edición & Diseño
C/ Gran Vía, 69. 28013 Madrid
Impreso en España - Printed in Spain

Unas reflexiones sobre Marc Chagall
Nota del autor

De Marc Chagall se han dicho muchas cosas. Acerca de él han opinado toda suerte de personas, especialmente admiradores suyos, en número aún mayor que el de detractores o envidiosos. Eso suele ocurrir cuando se alcanza un reconocimiento universal: cunden entonces los admiradores y todos ellos comparten ideas similares. En esta situación, a la hora de componer un retrato, son sin embargo más valiosos los críticos. No porque uno tenga que simpatizar con la rabia impotente y con la envidia estéril de estos, sino porque siempre es posible encontrar, en la corriente de su maledicencia, fragmentos vivos del personaje original. Y es que la lisonja es mucho más falsa que la envidia, pues en ésta hay más sinceridad. Además, la envidia es un concepto muy amplio, no tiene por qué estar asociada necesariamente al veneno de un Salieri. Es posible amar sin dejar de envidiar. Eso nos salva de la ceguera del amor, tanto como de la lisonja, que es tuerta. Mis pensamientos, precisamente, son los pensamientos de un amante envidioso.

Desde luego, no nos faltan motivos para envidiar a Marc Chagall. Si se analiza atentamente su vida, uno tiene la impresión de que contó con el apoyo de los dos Grandes, que recibió ayuda de ambas partes: de Dios y del Diablo. Un talento divino y un éxito diabólico marcaron a este hombre, nacido en la familia de un judío de Vítebsk que trabajaba en el comercio de arenques.

Chagall vivió casi noventa y ocho años. Toda vida de noventa y ocho años ya es interesante de por sí porque un siglo se compone necesariamente de segmentos diversos, reúne experiencias de distintos individuos. El siglo de alguien que ha gozado de una larga vida adquiere una continuidad. Y es especialmente valioso si quien ha vivido tanto tiempo se llama Chagall.

No hace falta recordar qué clase de siglo fue el suyo, el que va de los años ochenta a los años ochenta. La carnicería de la Primera Guerra Mun-

dial, el apocalipsis de la Revolución rusa y la Guerra Civil, la furia del te-
rror estalinista, el delirio febril del hitlerismo. Los seres humanos, a lo largo
del siglo XX, pocas veces tuvieron ocasión de descansar, de cobrar aliento. Y,
dadas las circunstancias históricas, si la humanidad padeció calamidades, el
componente judío de la humanidad las padeció por partida doble. Chagall,
precisamente, fue uno de esos seres humanos judíos. A su alrededor murieron
—caídos en pogromos y en guerras, víctimas del régimen estalinista, ardiendo
en los hornos crematorios hitlerianos— parientes y allegados, amigos de la
infancia de Vítebsk, paisanos, compatriotas.

Chagall salió indemne. Fue como si la muerte jugara con él, como si
pasara cerca de él, rozándolo, intimidándolo. Una y otra vez sobrevivía, y
otra persona moría en su lugar. Ese billete de la suerte, esa fortuna constituye
una carga espiritual para cualquier hombre decente. Y Chagall experimentó
el peso de esa carga con toda intensidad. Tras la muerte de Bella, su amada
mujer; tras la muerte de su padre; tras la muerte de sus parientes ante sus
mismos ojos, en el curso de un pogromo en la provincia de Vítebsk; tras la
muerte universal de millones de personas ante los ojos de Dios, ¿qué fue lo que
le permitió no ya sobrevivir, sino vivir casi una centuria? En cualquier caso,
no fue su talento divino. El talento raramente ayuda en una larga vida. ¿El
éxito diabólico? Con eso podríamos estar de acuerdo, aunque con un matiz.
A diferencia de Fausto, que también disfrutó de una larga vida, Chagall no
vendió su alma al diablo. Entonces, ¿qué pudo ver el diablo en él para apre-
ciarlo tanto? Porque hay que admitir que el diablo le tuvo aprecio. El mayor
escéptico e ironista del Universo se quedó impresionado con la actitud sencilla,
puramente jasídica,[1] de Marc Chagall ante la vida, a pesar de las desgracias
y las pérdidas. En esto Chagall recuerda al primer jasid *bíblico, Job. Porque*
Job, a despecho de todas las calamidades que, por voluntad divina, le infligió
el diablo, se sintió satisfecho con los nuevos hijos que vinieron a reemplazar a
los fallecidos. Se trata, dicho sea de paso, de un aspecto de Job que Dostoievski
era incapaz de comprender. Dostoievski, que apreciaba singularmente a Job,
sufría por esa ligereza «inmoral» de su favorito.

Pero no se trata de inmoralidad. Por dulce que sea el culto al megalo-
martirio, la sencilla alegría jasídica nos devuelve a aquellos tiempos dichosos

---

1. El jasidismo fue un movimiento de renovación espiritual surgido en el seno del judaísmo
en el siglo XVIII. Se inició en Ucrania occidental, que entonces formaba parte del reino
de Polonia, y se extendió rápidamente por toda Europa oriental. *[Esta nota, como todas las*
siguientes, es del traductor].

en los que el hombre aún no estaba abrumado psicológicamente y podía com-
partir las percepciones de los animales y las aves. ¿No son acaso esas percep-
ciones perdidas las que recupera la obra de Chagall, abigarrada y rectilínea?

Ser optimista en el paraíso no solo es ridículo y estúpido, sino además
estéril, en vista de que el fruto se lo come uno sin más y no tiene por qué
predicar la triste historia de nuestro padre Adán. Pero ser optimista en el
averno, cultivar frutos lustrosos en medio de las calderas infernales, es una
fortuna singular, un regalo del destino. Por eso, en tiempos de pesimismo, de
lamentaciones y de desengaño no solo son enormemente interesantes las crea-
ciones de Chagall, sino también su larga y fructífera vida de noventa y ocho
años, felizmente culminada por una muerte tranquila, como un sueño sereno.

El autor
Berlín, 6 de agosto de 1994

Vuela un aeroplano

Los incendios en el arrabal judío de la ciudad de Vítebsk podían estallar casi a cualquier hora, pero se declaraban sobre todo al atardecer, cuando se encendían las velas y las lámparas de queroseno. Como en verano oscurecía más tarde, las velas y lámparas no se prendían hasta pasadas las ocho. En esta ocasión el incendio estalló cuando en la iglesia ya habían dado las nueve, el pope había abandonado el recinto del templo y se dirigía a su casa, seguido por una cerda con sus cerditos.

Se inició en una pequeña casa en un extremo del barrio judío, muy cerca de la prisión. En la casa había un letrero que decía: TALLER DE JOYERÍA LOKSCHINSON. TALLA DE DIAMANTES. TRABAJOS EN ORO Y PLATA. Un hombrecillo muy flaco, sin duda el propio Lokschinson, salió corriendo a la calle en paños menores, con una levita echada por encima; llevaba en brazos a un par de niñas de dos o tres años y gritaba: «¡Fuego! *Sy brent!*».[2] Tampoco hacía ninguna falta: era más que evidente lo que estaba pasando, y los vecinos ya habían empezado a huir de las casas más próximas. La mujer de Lokschinson, una señora gorda y torpe que había salido tras él en bata y con un bebé en brazos, dijo:

2. «¡Arde!», en *yiddish* en el original.

—Elia, serás idiota, deja de gritar. La gente no está ciega, ya se da cuenta de que hay fuego. Más valdría que te hubieras quemado tú, ¡para ya de gritar de una vez!

—Jaia, ¿por qué quieres que se queme? Si ya se está quemando de todos modos… —le dijo una vecina que, también con un crío en brazos, salió huyendo de una casa donde había un cartel que rezaba: SCHUSTER, SASTRE DE VARSOVIA.

—¿Dices que se está quemando? —replicó Jaia—. La que se quema soy yo… Él se ha puesto su levita y ha salido huyendo… Es un muerto de hambre, no sé cómo quieres que arda… Tiene tanto combustible como las chinches que estaba chamuscando con una vela… Estaba quemándolas cuando le prendió fuego al diván… Y luego ha ardido el resto. Todas sus pertenencias, todo el instrumental, todos los materiales. Y todo por quemar unas chinches, ya ves tú.

—Las chinches las rociaba con queroseno, con la vela lo que hacía era achicharrar las cucarachas —dijo Elia.

—¿Lo estás oyendo, Dvoira? Primero las rociaba con queroseno y luego las quemaba con la vela. ¡Idiota! Hasta el caballo de Haim el carretero tiene en las grupas más sentido común que tú en la cabeza.

—Las cucarachas hay que espachurrarlas con la suela de un chanclo de goma —dijo con aire de entendido el marido de Dvoira, el sastre de Varsovia llamado Schuster.

—¡Hay que ser consciente de esas cosas, *rebbe* [3] Pinjas! —gritó Jaia—. Y mi marido tiene la cabeza como Srulik el loco, ese que se come la avena del caballo.

—Jaia, no hace falta que grites —dijo Elia—; lo importante es que nos hemos salvado.

—¿Que nos hemos salvado? —gritó aún más fuerte Jaia—. ¿Te parece a ti que nos hemos salvado? Y ¿de qué vamos a vivir? ¿De tu caspa? Mañana hay que llevar un encargo a la joyería de los Rosenfeld.

—No grites, Jaia, vas a despertar al crío, vas a despertar a Zúsenka.

—No te preocupes por Zúsenka —dijo Jaia, besando al bebé—. ¡Ya me he ocupado yo de él! —Y se sacó de un bolsillo de

3. «Rabí, maestro», en *yiddish* en el original.

la bata un manojo de objetos dorados y, del otro bolsillo, un vasito de vodka lleno de brillantes—. Nuestro Zúsenka dentro de nada cumple un mes.

—Pues nuestro Aminodávchik ha hecho un mes el lunes pasado —se jactó Dvoira.

—He oído que la mujer de Shagal,[4] el cargador del almacén de arenques, está embarazada —comentó el sastre Schuster.

—Yo he visto entrar a una partera en casa de los Shagal —dijo Dvoira.

—Vaya un momento para dar a luz —dijo Jaia—. En mitad de un incendio. Los Shagal no dan una a derechas.

La mujer del flaco y desgarbado Zajaria Shagal, que trabajaba cargando arenques, se agitaba, empapada en sudor, y no hacía más que lamentarse. Dos comadronas se afanaban alrededor de la parturienta. La criatura vino al mundo sin decir nada: la única que se quejaba era la madre.

—No quiere vivir, no quiere vivir —farfullaba Zajaria, desesperado.

Las parteras zambulleron el cuerpecito callado en un balde de agua fría. Los resplandores de las llamas iluminaban la cama sobre la que yacía exhausta la recién parida, el balde de agua donde habían sumergido al crío inerte, el padre que rezaba desesperado…

—¡Clavadle unas agujas! —gritó el sastre de Varsovia irrumpiendo en la habitación.

Después de sufrir unos pinchazos, el pequeño dejó escapar su primer grito, y en ese mismo instante se vino abajo una viga, envuelta en llamas, y a punto estuvo de alcanzar la ventana. Fajaron al crío apresuradamente y lo depositaron entre las piernas de la madre; en ese momento, entre cuatro hombres alzaron en vilo la cama y salieron corriendo a la calle. Por todas partes se oían crujidos y chisporroteos. La gente iba y venía, cargada con cubos; pasó por allí cerca el carro de incendios, tirado por unos percherones. Las vallas, las tiendas, la cárcel de ladrillo, la sinagoga… todo estaba

4. Recurrimos a lo largo del texto a la transliteración del ruso del nombre y apellido (Mark Shagal) del protagonista, y por extensión de sus familiares, salvo en aquellos contextos internacionales que aconsejan la utilización de la forma francesa (Marc Chagall).

envuelto en temblorosos resplandores purpúreos que centelleaban en los rótulos: PANADERÍA Y PASTELERÍA GURÉVICH, TABACOS ABRAMÓVICH - ARTÍCULOS PARA FUMADORES, FRUTERÍA Y ALIMENTACIÓN KATZ, MODA DE PARÍS - IÓSIF BERDÍCHEVSKI, ESCUELA DE DIBUJO Y PINTURA DEL ARTISTA PEN.

—Están ardiendo los judíos —comentaban los presos arremolinándose divertidos junto a las ventanas enrejadas de la cárcel—. Hay que ver, no paran de moverse; corren como cucarachas.

—Pues sí, Petruja —dijo con aire soñador un joven de cejas muy rubias—. Este sería un momento estupendo para saquear.

—Y tanto, Trenka —asintió Petruja, que lucía un hermoso tupé, y sacudió las rejas—. ¡Ay, en mal momento nos habéis ido a encerrar, guripas!

Mientras tanto, al lado de la tapia de la iglesia está parado el sacerdote, agarrado a una cruz, y silba, enseñando los dientes: «Digno de alabanza es nuestro Señor en Sión».[5] Por detrás de la iglesia un riachuelo murmura dulcemente, susurran los juncos y, entre los juncos, dos voces cuchichean: «Ay, cariño, qué bueno... ay, ay, qué gusto...». Unos vagabundos se preparan para pasar la noche en el cementerio: abren sus morrales, colocan unos periódicos encima de unas tumbas y depositan en ellos un poco de pan seco y tocino. Y por una ventana abierta se ve a un soldado tomando el té. Las cabras y las vacas mugen en los establos. Haim Vilenski, un carretero borracho, pasa con su caballo barrigudo tratando de cantar, pero todo lo que le sale es un relincho. En lo alto del monte se ve la mole oscura del castillo polaco abandonado.

Y por encima de todo esto, por encima de las estrellas, enormes como rublos de plata, vuelan unos ángeles de fuego, nacidos de las llamas, girando despacio, con toda libertad, no atrapados aún por el pincel del pintor, no fijados aún en los lienzos de Chagall.

5. Se trata del himno «Kol slaven nash Gospod v Sione», compuesto en 1794 por el músico Dmitri Stepánovich Bortnianski (1751-1825) sobre un poema del escritor Mijaíl Matvéievich Jeráskov (1733-1807). Gozó de una enorme popularidad, hasta el punto de ser considerado en algunos momentos himno oficioso del Imperio Ruso. Entre 1856 y 1917 la melodía sonaba diariamente en el reloj de la torre Spásskaia del Kremlin moscovita.

Es Pascua —*Pésaj*— en el Vítebsk judío. Todavía hay nieve en la ciudad y, sin embargo, cuando desde el profundo y denso azul del cielo primaveral el sol calienta el aire, ya podemos abrir de par en par, con un chirrido, las ventanas protegidas durante el invierno, retirar el papel y el algodón del año pasado, quitar las moscas y las cucarachas que llevan muertas unos meses y dejar que penetren en las estancias los aromas y los sonidos pascuales procedentes de la calle. En todos los hogares hebreos la víspera de *Pésaj* hay zafarrancho. Se limpian con esmero y se friegan todos los rincones de la casa de Schuster, el sastre varsoviano; de Lokschinson, el joyero; de Shagal, el cargador de la tienda de arenques... Y en todas partes, en todos los hogares judíos, se oye la palabra secreta, prodigiosa: *jamets.*[6]

—Buscad el *jamets* —dice Elia a sus vástagos, reunidos ante él—; por todas partes, en todos los rincones buscad el *jamets*.

Y Zusia busca el *jamets* con sus hermanos y sus hermanas.

—*Jamets, jamets*...

La gruesa y rubicunda Jaia friega la vajilla con ayuda de sus hijas.

—Elia, ¿cómo se te ocurre poner ahí los platos lavados? —protesta Jaia—. Llévatelos a la despensa. ¿Es que no sabes que los bordes de los cacharros absorben el *jamets*? No permita Dios que confundamos la vajilla de Pascua con la de diario... Zusia —Jaia se vuelve hacia él—, ¿qué andas mordisqueando? ¡Ay, pero si el crío ha cogido el queso de la ratonera! —Le quita el queso a Zusia—. ¿Por qué haces eso, bobo?

—Me lo ha dicho papá —responde Zusia, lloroso.

—¿Que yo te he dicho que te comas el queso de la ratonera? —dice Elia, turbado—. Lo que te he dicho es que busques *jamets* en la ratonera.

—¿Qué pasa? —pregunta Zusia—. ¿Es que los ratones también celebran el *Pésaj*?

—Te felicito, Elia —dice Jaia—; a mi modo de ver, tu hijo es igual de listo que tú.

—*Jamets, jamets* —se oye en casa de Schuster, el sastre varsoviano.

6. Alimentos preparados con levadura, los cuales no se pueden consumir durante la festividad de *Pésaj*.

—He encontrado *jamets* —dice Aminodav y trae una cucaracha.

—Pero ¡qué niño más listo! —se ríe Schuster y tira la cucaracha por la ventana.

—Que todo lo malo me pase a mí —dice Dvoira, acariciándole la cabeza a Aminodav—. Pinjas, explícale al niño lo que es el *jamets*.

—Yo ya sé lo que es el *jamets* —dice Aminodav—. El *jamets* es pan.

—Y ¿por qué has traído una cucaracha? —pregunta Pinjas.

—Es que la cucaracha come pan —dice Aminodav—, y seguro que tiene la tripa llena de pan.

—*Jamets*, hijo mío —dice Pinjas—, quiere decir «oxidado». Es masa de harina fermentada. El *jamets* está prohibido en *Pésaj*, sea cual sea la cantidad, no se puede utilizar de ningún modo, ni tan siquiera en mezclas ni en bebidas. Eso afecta en primer lugar al pan, pero también a toda clase de galletas a base de trigo, centeno, cebada o avena. Un grano de trigo que cae en el agua se convierte en *jamets*. El vodka y la cerveza también son *jamets*. Durante el *Pésaj* solo está permitido beber vino tinto de Pascua en las copas rojas de Pascua. En *Pésaj* se come *matsá*. Esta se elabora con especial esmero, siguiendo todos los preceptos del *Halajá*, manteniéndola libre de levadura. En *Pésaj* solo se emplea esa clase de *matsá*, no esa otra que se vende en las tiendas todo el año.

—A la cama, niños —dice Jaia—. En todas las casas judías la víspera de Pascua los niños se acuestan después de comer para que luego sea posible despertarlos de noche y ponerlos a buscar *jamets*.

—A la luz de una vela de cera —dice Elia—, esta noche buscaremos *jamets*. En los rincones de las habitaciones y de los trasteros, en los estantes, en los cajones, en los armarios empotrados, en las rendijas del suelo, en los bolsillos de la ropa: por todas partes, por todas, buscaremos *jamets*.

La luna brilla la víspera de Pascua. Las sombras se deslizan por la pared. Mark está acostado, observando las sombras; a su lado resopla en sueños su hermano David. Mark zarandea a su hermano, que farfulla y se gira hacia el otro lado. Entonces Mark se inclina sobre él y le susurra al oído:

—*Jamets*.

—¿Ya es hora de levantarse? —David salta de la cama.

—Más bajo, David —responde Mark, susurrando—. Ahí, en esa pared, hay *jamets*.

—Eso son sombras —dice su hermano.

—Son los fantasmas del *jamets* —replica Mark en voz baja—, los fantasmas de aquella primera noche de Pascua, cuando los judíos salieron de Egipto. Hace mucho tiempo, el antiguo *jamets* se convirtió en un espectro, vaga por el mundo y aparece en las casas hebreas la víspera del *Pésaj*. Eso de ahí es un hombre, un señor embozado en un *tales*.[7] Mira cómo nos sonríe, y ahora nos está amenazando. Y ahora se ha convertido en un cabrito. ¿No ves los cuernos que tiene?

—No me asustes más, ¡me muero de miedo! —grita David.

Aparece la madre.

—Niños, ¿qué forma de chillar es esta?

—Mark me está asustando —dice David—, dice que hay *jamets* en la pared.

—Mark, déjate de fantasías —dice la madre—. Venga, niños, fuera de la cama, ya es hora de buscar *jamets*.

Arde una vela de cera en manos de la madre. Todos tienen caras serias, solemnes.

—Atención —dice Zajaria, el padre—, antes de empezar la prueba y, en general, durante el cumplimiento de los restantes preceptos de la Torá, vamos a pronunciar una bendición. Repetid conmigo: «Bendito seas, Dios omnipotente, Rey nuestro celestial, que nos has santificado con tus preceptos y nos has encomendado retirar el *jamets*».

La luz de las velas se desliza por las paredes, por los rincones, por los cajones… En casa de los Lokschinson, en casa de los Schuster, en casa de los Shagal…

—He encontrado una corteza de pan —dice Elia.

—Aquí hay una corteza de pan —dice Mark.

—Yo también tengo una corteza de pan —dice David.

---

7. El *tales* (o *talit*) es una especie de chal que visten los judíos durante la oración.

—He encontrado pan seco —dice Aminodav.

—¡Una corteza de pan, una corteza de pan! —vociferan los niños.

—Hay una costumbre, niños —dice Pinjas Schuster—, consiste en esconder en una serie de sitios concretos diez cortezas de pan que luego aparezcan durante la búsqueda. Es algo que se hace por si no hubiera ni una pizca de *jamets*, para que la búsqueda no resulte un fracaso.

—Así es como se recogen los restos de *jamets*. —Elia barre las migajas con una pluma de ave y las echa en una cuchara de madera.

Por todas partes, en todas las casas judías, están buscando *jamets*. La noche que precede a la Pascua se acerca a su fin. La ventana se torna azul.

—Meted todo el *jamets* en esta bolsa —dice Elia—. La pluma y la cuchara de madera especial también las vamos a meter en la bolsa, junto con las migas, y vamos a colgar la bolsa de un gancho, bien alto, no vaya a ser que las ratas o los ratones la mordisqueen y esparzan las migas por toda la casa.

Ya relumbran las ventanas, iluminadas por los primeros rayos de sol. Todos exhiben semblantes exhaustos, pero triunfantes. Pronuncian el rezo final.

—Cualquier pan —recita Zajaria Shagal— o cualquier masa fermentada…

—… que se halle en mi poder —prosigue Pinjas Schuster.

—… pero que no haya advertido y haya dejado sin recoger y del que no tenga noticia —pronuncia Elia.

—… que sea considerado sin valor y carente de dueño, como el polvo de la tierra —dice Zajaria Shagal.

Todos:

—¡Amén!

Es una mañana soleada. El samovar bulle en la mesa.

—Niños, este es vuestro último desayuno antes de Pascua —dice Zajaria—. Hoy comienza la fiesta del *Pésaj* para honrar la partida de Egipto de los hijos de Israel, y los judíos, al igual que hicieron nuestros antepasados, vamos a comer únicamente *matsá*, preparada de acuerdo con los preceptos del *Halajá*, manteniéndola libre de levadura. Después del desayuno, todo el *jamets* será quemado solemnemente.

—Zajaria —dice la madre—, como sabes, este año, con ocasión del *shabbat* Hagadol, el gran sábado que precede al *Pésaj*, deberían haber venido a visitarnos numerosos parientes de Liozno:[8] el hermano Izraíl, el hermano Yehuda, la hermana Ralli, la hermana Musia, la hermana Gutia, la hermana Shaia. Pero no han podido venir a causa de la muerte del marido de la hermana Ralli.

—¿Por qué me cuentas eso? —pregunta Zajaria.

—Porque había preparado muchos dulces. ¿Qué vamos a hacer ahora con ellos?

—De acuerdo con los preceptos de la Torá, todo el *jamets* tiene que ser quemado.

—Ay —se lamenta la madre—, a los niños les va a dar mucha pena ver cómo se quema el pastel de *tvorog*,[9] las galletas o el *strudel*. ¿No podríamos encontrar a un *shabbes goy*,[10] a alguien que no sea hebreo y que no esté obligado por la Torá a observar el *Pésaj*, y venderle todo eso, aunque sea a mitad de precio?

—De sobra sabes —dice Zajaria— que, de todo el *jamets*, un *shabbes goy* solo compraría a mitad de precio el vodka, la *slivovica*[11] y la cerveza.

—¡Ay, qué lástima! —La madre abre el aparador y deposita en la mesa las bandejas con los dulces—. Niños, comed hasta hartaros, porque no hay más remedio que quemar lo que sobre.

Se sirve un té bien cargado. Las untuosas galletas, el pastel de *tvorog* dulce, el *strudel* con nueces y pasas, los *rogáliki*[12] con mermelada… Un auténtico festín, un paraíso para los niños… Estos

8. Liozno (*Liozna* en bielorruso) es una localidad de la provincia de Vítebsk, en Bielorrusia, situada en la frontera con Rusia; se encuentra a unos 40 km de Vítebsk.

9. El *tvorog* (o *tvórog*) es un derivado lácteo semejante al requesón, muy popular en Rusia y otros lugares de Europa oriental.

10. Un *shabbes goy* (o *shabbos goy*) es un gentil que ayuda a un judío realizando ciertas tareas que este no puede llevar a cabo durante el *shabbat*.

11. La *slivovica* (también conocida como *slivovice* o *Slivovitz*, entre otros nombres) es una bebida alcohólica elaborada mediante la fermentación y destilación del zumo de ciruela; es una bebida muy popular en Europa central y en los Balcanes.

12. Un *rogálik* (en plural, *rogáliki*) es un bollo en forma de luna creciente, semejante al cruasán o el *Kipferl* austriaco.

se abalanzan sobre los dulces como los antiguos judíos en el desierto del Sinaí sobre el maná celestial. Mark intenta no ir a la zaga de David, quien, aunque pequeño y delgado, se ha comido ya un montón de dulces. Un trocito más de *strudel*, otro cachito de pastel de *tvorog*… De repente, David se levanta de un salto y, con los ojos fuera de las órbitas, sale corriendo al patio. Mark empieza a reírse, pero de inmediato se tapa la boca con la mano y echa a correr detrás de David. Tras él sale disparada su hermana Liza. Los niños se quedan ahí parados, apoyados en la valla. Brilla el sol pascual, los pájaros cantan.

—Ya veis lo que pasa por comer con tanta ansiedad —dice Zajaria cuando regresan, pálidos y con la tripa vacía.

—No los regañes, Zajaria, ya ves que no se encuentran bien. Tomad un poco más de té, os entonará.

El *strudel*, el pastel de *tvorog*, las galletas, los *rogáliki* descansan en la bandeja sacrificial, en medio de la mesa, al lado de las migajas de pan, la pluma de ave y la cuchara de madera. El padre, Zajaria, lo rocía todo con alcohol.

Prende el fuego… Los ojos de los niños se llenan de lágrimas. El sagrado sacrificio pascual. Agonizando entre las llamas, las adoradas golosinas se contorsionan, la mermelada caliente fluye desde la masa resquebrajada, se derrama el *tvorog*… El padre, Zajaria, recita la oración:

—Cualquier pan o cualquier masa fermentada que se halle en mi poder, lo haya visto o no lo haya visto, lo haya advertido o no lo haya advertido, lo haya recogido o no lo haya recogido, que sea considerado sin valor y carente de dueño, como el polvo de la tierra. ¡Amén!

Todos:

—¡Amén!

—Jaia, ¿a cuántos soldados vamos a acoger este año en la mesa pascual? —pregunta Elia.

—¿A cuántos? —dice Jaia—. A uno, como siempre.

—Y ¿por qué no acogemos a dos este año? Shagal, el cargador del almacén de arenques, va a acoger a uno —dice Elia—; al fin y al cabo, yo soy joyero.

—Ya que eres un joyero tan rico —se enfada Jaia—, acoge entonces a siete, como hace Gurévich, el dueño del cafetín, o a diez, como los Rosenfeld, que tienen tres joyerías. Tú calcula cuánto te va a costar ya solo el vino *kosher* con el sello del rabino. Cada persona adulta consume cuatro copas llenas de vino. Eso por no hablar de la *matsá*, por no hablar de la carne de ave, por no hablar de los rábanos picantes, de la ensalada, de las frutas, de los frutos secos. ¿Es que quieres arruinarme?

Se acerca la noche de Pascua, empiezan a brillar las estrellas. Una columna de soldados de confesión judía, comandada por un suboficial, se dirige a celebrar la Pascua judía entonando la canción «El ruiseñor, el ruiseñor, la avecilla, canta el canario con pesar».[13] Detrás de ellos, subido en un carruaje, va un *shabbes goy* contratado para la ocasión por la comunidad hebrea. La columna se va deteniendo delante de las casas judías, y los soldados, de uno en uno, de dos en dos, de cinco en cinco, se distribuyen para la fiesta. Y a la puerta de cada casa el *shabbes goy* le ofrece al suboficial una copita de vodka y un refrigerio. Al suboficial se le traba la lengua al hablar.

—Señores judíos, en el día de la Sagrada Resurrección… —Se santigua. Los judíos se tapan los ojos con la mano.

Un soldado entra en casa de los Shagal, se quita la gorra, se cubre con la kipá.

—*Gut Yom Tov*[14] —dice—, soy Haim, de Berdíchev.[15]

—Mucho gusto —dice la madre—; siéntese a nuestra mesa familiar, está usted en su casa. Podría ocurrir, Dios no lo quiera, que algún día a mis hijos los manden a servir a otra ciudad, y que allí los inviten igualmente a sentarse a la mesa de una familia hebrea para celebrar el *Pésaj*.

—Si se presenta un guardia para llevarme al ejército —dice Mark—, me esconderé debajo de la cama, y no podrá encontrarme.

13. Canción de soldados tradicional.
14. Feliz día de fiesta.
15. Berdíchev (*Berdýchiv* en ucraniano) es una ciudad situada en Ucrania centro-septentrional, en el actual *óblast* de Zhitómir (*Zhytómyr* en ucraniano). Contaba tradicionalmente con una notable comunidad judía, y en el siglo XVIII se convirtió en un importante centro jasídico.

Haim de Berdíchev se sonríe, le acaricia la cabeza a Mark y le regala un casquillo de bala de fusil.

—¡Ay, a ver si va a estallar! —dice la madre, asustada.

—¡Ya la han disparado! —se ríe Haim.

—Es igual, *rebbe* Haim; le pido disculpas, pero recójalo. Todos esos castillos y esas balas son solo para los *goyim*.[16] A los hebreos no nos hacen ninguna falta, mientras tengamos la sagrada oración y nos ampare el Dios verdadero. O ¿acaso Dios omnipotente no castigó a nuestros enemigos en Egipto con las diez plagas? ¿Digo bien, Zajaria?

—Precisamente, en nombre del milagro de la salvación de los judíos celebramos el *Pésaj* —dice Zajaria—. Está escrito en la Torá: «Dios pasó de largo por las casas de los hijos de Israel en Egipto».[17] Cuando abatió a los egipcios, perdonó nuestras casas.

—*Rebbe* Zajaria —dice Haim—, la salvación de los judíos y su salida de Egipto fueron un milagro providencial. Pero ¿acaso podemos esperar siempre un milagro en este mundo decadente, hostil a Dios? O ¿es que ya se ha olvidado de los recientes pogromos en Zhitómir y Białystok, o en Tiráspol?

—Nosotros, los hebreos, tenemos que confiar siempre en el milagro de la ayuda divina —dice Zajaria—; en nombre de eso, justamente, se celebra el *Pésaj*.

Se encienden los cirios pascuales en todas las casas judías. En casa de los Shagal, la vela más grande la enciende la madre, al tiempo que pronuncia una bendición.

—Bendito seas, Dios omnipotente, Rey nuestro del Universo, que nos santificaste con tus preceptos y nos ordenaste encender el cirio festivo.

Todos a coro:

—Bendito seas, Dios omnipotente, Rey nuestro del Universo, que has preservado nuestra vida y nuestra existencia, y nos has conducido hasta este momento.

---

16. El término hebreo *goy* (en plural, *goyim*), cuyo significado primigenio era el de «pueblo» o «nación», pasó a emplearse para designar a los gentiles, es decir, aquellos que no formaban parte del pueblo judío.

17. Éxodo, 12, 27.

Es la fiesta del *Séder* pascual.[18] Delante de cada comensal, en una bandeja, hay tres piezas de *matsá*, colocadas una encima de otra y separadas por servilletas, y cubiertas por otra servilleta. Los niños van nombrando a coro cada uno de los platos que se colocan sobre las servilletas:

—Arriba a la derecha, *zroa*: carne de pollo con su hueso; enfrente, a la izquierda, *beia*:[19] un huevo cocido; debajo, entre el huevo y la carne de pollo, *maror*: rábano rallado y lechuga; abajo a la derecha, *jaroset*: una mezcla de manzanas, peras y frutos secos triturados. A la izquierda, *karpás*: trocitos de cebolla y de patata lavada y cocida; más abajo, *jazaret*: otra vez rábano rallado y lechuga.

—Para santificar la fiesta vamos a recitar el *kidush*[20] sobre la copa de vino —dice Elia—. ¡Atención, señores! Bendito seas, Dios omnipotente, Rey nuestro del Universo, que has creado el fruto de la vid…

—… nos has elegido de entre todos los pueblos, nos has ensalzado sobre todas las naciones y nos has santificado con tus preceptos —dice Pinjas Schuster…

—… con amor han sido establecidos los días para la alegría, las fiestas y las fechas para la conmemoración —dice Zajaria—. *Urjats*, el lavado de manos. Niños, primero hay que lavarse tres veces la mano derecha, después la izquierda.

—El *karpás* —dice Elia—; empezamos la comida remojando la patata en agua con sal… Zusia, tú, como es natural, vas a preguntarle a tu padre por qué come así.

—Pregúntale, Zusia —apunta Jaia en voz baja.

—Papá, ¿por qué comes así? —pregunta Zusia.

—¿Ya no te acuerdas de lo que te he dicho que tenías que preguntar? —dice Elia—. Hay que preguntar: «Padre mío, ¿en qué se distingue esta noche de todas las demás?».

—Papá, ¿en qué se distingue esta noche de todas las demás?

Zajaria Shagal coge de la bandeja una pieza de *matsá* y la parte en dos; la mitad más grande la envuelve en una servilleta.

18. Fiesta ritual judía que señala el comienzo del *Pésaj*.
19. Más a menudo, *beitsá*: huevo duro que simboliza la Fiesta del Sacrificio.
20. Oración de bendición recitada sobre el vino.

—Esta *matsá* es para el *afikomán*[21] —dice Zajaria—, para la bendición antes de que llegue la medianoche. —Levanta la *matsá*—. Este es el modesto pan que comieron nuestros antepasados en la tierra de Egipto. Todo aquel que tenga hambre, que entre y lo coma. Todo aquel que esté necesitado, que entre y celebre el *Pésaj*. Este año aquí, el año que viene en la tierra de Israel. Este año somos esclavos, el año que viene seremos libres.

Escancia una segunda copa de vino.

—Hijo mío —le pregunta la madre en voz baja a Mark—, ¿te acuerdas de las cuatro preguntas que tenías que hacerle a tu padre?

—Sí, me acuerdo —responde Mark en un susurro y dice en voz alta—: Padre, quiero hacerte cuatro preguntas. ¿En qué se distingue esta noche de todas las demás? Porque las demás noches no remojamos la comida ni una sola vez, y esta noche lo hacemos dos veces. La primera vez, la patata en agua con sal; la segunda vez, la hierba picante en el *jaroset*. Todas las demás noches tomamos pan fermentado, mientras que esta noche solo pan ácimo, *matsá*. Todas las demás noches tomamos otras hierbas, y esta noche hierbas amargas. Todas las demás noches comemos como queremos, sentados o recostados, y esta noche todos nos hemos recostado.

—Esta noche se distingue de las demás noches, hijo mío —responde Zajaria—, porque éramos esclavos del faraón en Egipto, y Dios omnipotente nos sacó de allí con gran poder y con brazo extendido. Tomamos esta noche la hierba amarga en recuerdo de cómo los egipcios hacían amarga la vida de nuestros antepasados. Se ha dicho: «Y amargaron su vida con dura servidumbre, en hacer barro y ladrillo, y en toda labor del campo y en todo su servicio, al cual los obligaban con rigor»…[22]

—El *jaroset* —dice Pinjas—, fruta y frutos secos triturados, recuerda el barro con el que hacían los ladrillos: el principal trabajo como esclavos de los hijos de Israel…

—El vino tinto recuerda la sangre… —dice Elia.

—Aquella promesa fue hecha a nuestros padres y a nosotros —dice Zajaria—, pues no se han alzado solo una vez contra noso-

---

21. Porción de *matsá* que se reserva para el final de la cena de *Séder*.
22. Éxodo, 1, 14.

tros para destruirnos. En cada generación se alzan contra nosotros para destruirnos. Pero el Altísimo nos salva de sus brazos, por eso nos apoyamos todos en el brazo izquierdo, y vosotros, los niños, cuando bebéis mosto en lugar de vino, os apoyáis en el brazo izquierdo. Pues, al apoyarnos en el brazo izquierdo, demostramos nuestra total libertad y la ausencia de temor.

—Ahora descubrimos el pedazo escondido de *matsá* del *afikomán* y nos lo comemos antes de medianoche —dice Pinjas y entrega a cada uno un trocito de *matsá*.

—Llenamos la copa por tercera vez —dice Elia.

—Restaura Jerusalén, la ciudad sagrada —proclama Pinjas.

—Israel, ten confianza en Dios —dice Zajaria—. ¡Él es tu salvación y tu escudo! Él ha castigado a nuestros enemigos. Mark, trae la copa dañada, para nuestros enemigos.

Mark trae una copa rota, preparada de antemano.

—Ejecutaré mis actos en los cielos y en la tierra. —Vierte tres veces un poco de vino en la copa rota—. Sangre, fuego y columnas de humo.

—Sangre, fuego y columnas de humo —repite Elia, vertiendo vino a su vez en la copa rota.

—La sangre, las ranas, los mosquitos, la mezcla de bestias salvajes, la peste del ganado, las úlceras en la piel, las langostas, las tinieblas, la muerte de los primogénitos… Todo esto contra nuestros enemigos —proclama Pinjas…

… proclama Elia…

… proclama Zajaria…

… proclaman todos.

—Esta copa vacía que está aquí a mi lado es para el profeta Elías —dice Zajaria—. Esta *matsá* es para él y esta silla vacía es para él. Llenemos para él la copa de vino y llenemos para todos la copa por cuarta vez. Mujeres, salid con velas a recibir al profeta Elías.

La madre y la hermana Liza salen con velas a la calle. Por todas partes, junto a las casas de los hebreos hay mujeres con velas.

—Profeta Elías, ven a nuestra casa —dice la madre.

—Vamos a esperar al profeta Elías —dice Zajaria—, ya está cerca.

—¡Profeta Elías, ven a nuestra casa! —gritan los niños.

—El profeta Elías no responde —dice Mark.

—Sí, en verdad está callado —dice Zajaria—, es el silencio de las piedras. Así calla la eternidad. Así callan las lápidas en las tumbas de nuestros antepasados.

Palidecen las estrellas, se acerca el final del *Séder* pascual.

—Tampoco este año el profeta Elías se ha presentado con la buena nueva —dice Elia—, habrá que esperarlo el año que viene. En la fiesta del *Pésaj* ya no solo el profeta Elías, sino hasta el propio Mesías puede aparecer.

—Bebamos la cuarta copa de vino, nuestra última copa, apoyados en el brazo izquierdo y pronunciemos la última bendición —dice Pinjas.

—Bendito seas, Dios omnipotente, nuestro rey del Universo —proclama Zajaria—, por la vid, y por los frutos de la vid, y por la cosecha de los campos, y por la tierra deleitable, pródiga y extensa, que tuviste a bien dar en herencia a nuestros padres. Apiádate, Dios omnipotente de Israel, tu pueblo, y de Jerusalén, tu ciudad, y de Sión, morada de tu gloria. Restaura Jerusalén, la ciudad de tu santidad, cuanto antes y en nuestros días, condúcenos hasta ella, regocíjanos en ella. Recuérdanos el camino del bien en este día de la fiesta del pan ácimo. Pues Tú eres un Dios omnipotente y benéfico para todos. ¡El año que viene en Jerusalén!

—El año que viene en Jerusalén —repiten todos.

La fiesta ha terminado y, tumbado en el tejado, Mark contempla el Vítebsk cotidiano. Pasa la gente, traquetean las telegas, ladran los perros, graznan los cuervos. Un escolar desgarbado importuna a una criada junto a una valla. Se oyen unas risas.

—Pare, señorito; se lo voy a decir a su padre.

—¡Ay, sinvergüenza! —El sonido de un beso.

Mark se da la vuelta. En el patio del comerciante de arenques, su padre, Zajaria, levanta unos pesados barriles. A su lado, plantado como un ídolo, el orondo patrón. El rostro del padre se contrae del peso, y el rostro de Mark está igual de contraído, como si también él tuviera que sostener la madera resbaladiza, ceñida con aros de hierro. Se oyen unas risas al otro lado de la valla.

—Voy a decirle a su padre que fuma.

—¡Nadine, encanto! —El sonido de un beso…

El día laborable llega a su fin. El padre vuelve del trabajo, y sus ropas, bajo los rayos de sol vespertinos, brillan con la salmuera de los arenques.

Una cazuela con agua caliente bulle en la cocina.

—Hoy es viernes, el día del aseo de vuestro padre, y en casa no hay jabón perfumado —se lamenta la madre.

—Otra vez sin jabón perfumado —protesta enfadado el padre—. ¡Toda la familia, con ocho niños, viviendo a mi costa! Y no hay manera de que vaya nadie a la tienda a traerme jabón perfumado. ¡No hay nada que hacer! Con el jabón normal me entran sofocos. —Se pone a toser.

Los vapores calientes se elevan hacia el techo. El padre se lava sucesivamente la cabeza, el pecho, las manos renegridas, empapadas en la salmuera de los arenques. Los niños se apelotonan a su alrededor; siguiendo las instrucciones de la madre, le van pasando el cazo con el agua fría, la toalla para los pies o las manos, la camisa y los calzones limpios.

El aseo ha terminado. El padre está sentado a la cabecera de la mesa con su camisa blanca recién lavada. Parte el *jalá*[23] con las manos limpias. La madre trae la comida: caldo, áspic de ternera, *kompot*.[24] El padre reza cansinamente una oración para bendecir la mesa. Come desganado, con indiferencia, meneando los bigotes.

—Mira, a mí me ha tocado un hueso con ternilla —murmura ufano David—. Y mañana sábado hay carne con zanahorias.

Pero Mark no está escuchando a David.

—Papá, habías prometido contarnos el secreto del tinte azul.

—Mark, deja tranquilo a tu padre —dice la madre—, ya ves lo cansado que está hoy.

—No, no; se lo he prometido —dice el padre con voz soñolienta—; escuchad, niños… Hubo una vez un rey que renunció a su trono, tenían que coronar a uno nuevo. Pero ¿con qué ropa?

---

23. Pan trenzado que se consume en el *shabbat* y en determinadas festividades judías.

24. El *kompot* es una bebida no alcohólica que se elabora mediante la cocción de frutas, frescas o secas, en agua con azúcar.

Todos los ropajes reales se los había comido la polilla. ¿Podían confeccionar a toda prisa unos nuevos y teñirlos con el tinte azul propio de la realeza? Pero el secreto del tinte azul se ha perdido, le dicen los cortesanos al rey. ¿Quién conoce el secreto del tinte azul? —Al padre le cae la cabeza sobre el pecho. Se pasa un par de minutos roncando levemente; después, como si se despertara de un sueño, sigue diciendo—: ¿Quién lo conoce? Los hebreos lo conocen, fueron los hebreos quienes tiñeron de azul los ropajes reales. Hay que reunir a todos los hebreos. Si en una semana no habéis teñido de azul los ropajes reales, os mataremos a todos.

De nuevo la cabeza le cae sobre el pecho, y ronca aún más fuerte que antes.

—En la ciudad de Luz,[25] en Palestina, se conserva el secreto del tinte azul —Mark prosigue el relato—. Pero ¿cómo iban a llegar a Palestina en una semana?

—Se reunieron los hebreos —dice el padre soñoliento—, reflexionaron y recordaron que hay un túnel que llega hasta Palestina, y que la entrada secreta de ese túnel se encuentra en los montes Cárpatos.

—¿Quién va a entrar en el túnel? —pregunta Mark.

—Aquel que tenga la sombra más larga en el sol del ocaso —dice el padre—. Los hebreos se alinearon en un amplio calvero y, tras aguardar al sol del ocaso, empezaron a medir la longitud de cada sombra. La sombra más larga resultó ser la del *rebbe* Adam, y la de otros dos judíos. Marcharon, marcharon, y llegaron a Palestina, a la mágica ciudad de Luz. Pero la ciudad de Luz estaba habitada únicamente por unos ancianos inmortales de largas barbas, que sufrían hastío y añoranza, pues en su ciudad no existía la muerte. Si alguien no era capaz de soportar la inmortalidad, se marchaba de la ciudad por un paso secreto, atravesando el tronco de un enorme roble y moría alegre nada más traspasar los muros…

El padre baja la cabeza y empieza a roncar, esta vez a pleno pulmón.

—Papá, aún no nos has contado lo del secreto del tinte azul —dice Mark.

25. Antiguo nombre de la ciudad bíblica de Betel, situada en la tierra de Canaán.

—Ya lo estás viendo, hijo mío; papá está dormido —dice la madre.

—Siempre se duerme al llegar a este punto —dice Mark.

—Hijo, vamos a hablar un rato —le pide la madre. Una de las manos de la madre descansa sobre la mesa, la otra la tiene puesta en el vientre.

—¿De qué quieres que hablemos, mamá?

—Pregúntame algo.

Y con la mano que descansaba sobre la mesa se retoca su alto peinado.

—No sé qué preguntarte, mamá.

—Pregunta tú, David.

Pero David ya tiene inclinada la cabeza, también él se ha dormido.

—Todos duermen. Vaya unos hijos que estáis hechos, no tengo con quién hablar. Si no queréis hablar, cantadme algo. Vamos a cantar la canción del rabino.

La madre empieza a cantar con suavidad, pero solo Mark la acompaña, los demás están todos dormidos. De repente la madre interrumpe la canción y se echa a llorar.

—¿Por qué lloras, mamá? —pregunta Mark.

—Siento pena por ti. ¿Qué va a ser de ti en la vida? Yo quería que te hicieras cargador. Pero, hijo mío, ¿cómo vas a ser cargador con esos hombros tan endebles? ¿A quién de la familia habrás salido?

Es de noche. Toda la casa duerme. Fuera llueve y sopla el viento. El ventanillo traquetea. El ruido de la lluvia y las sacudidas del ventanillo despiertan a Mark. Alguien deambula por la calle en tinieblas, se oyen unos pasos. ¿A quién se le ocurre salir a pasear en una noche como esta? De pronto, esa persona se acerca a la ventana.

—La abuela Hana —murmura Mark asustado y zarandea a David, que está dormido—. Mira, David, mira. La difunta abuela Hana ha venido a vernos.

David se vuelve hacia el otro lado y sigue resoplando en sueños. La abuela Hana se asoma por el ventanillo.

—Hija mía —llama a la madre—, hija mía, ¿por qué dejas las ventanas abiertas con esta lluvia?

La abuela Hana cierra el ventanillo con estrépito. Mark se levanta asustado. La lámpara del techo se balancea levemente, un lúgubre diván se entrevé en un rincón, el espejo brilla de un modo enigmático. Mark se acerca de puntillas a la puerta de la alcoba de sus padres. En el interior del dormitorio, el padre ronca de un modo espantoso, con la boca abierta y la barba apuntando hacia el techo. La madre duerme a su lado, menuda, rolliza. Rompe un trueno. Un anciano empapado, vestido de blanco, con un talego de mendigo, llama a la puerta de la calle. La madre coge un pedazo de pan y, entreabriendo la puerta, se lo tiende al anciano. Este, sin mediar palabra, la golpea en la mano. El pan cae al suelo, y el anciano desaparece de inmediato.

—Mamá —susurra Mark—, tengo miedo.

—¿Qué te pasa? —pregunta el padre con voz soñolienta.

—Tengo miedo… Ha venido la abuela Hana, buscaba a mamá.

—Vete a dormir —dice el padre.

—Zajaria, hay que echar un vistazo a los niños —dice la madre—, he tenido una pesadilla. Ha venido a casa un mendigo anciano, me ha despreciado el pan que le he ofrecido, lo ha tirado al suelo. ¿No será el anuncio de una enfermedad? ¿No te duele nada, hijo mío?

—Dormid, dormid —insiste el padre y empieza otra vez a roncar. La madre le pone a Mark la palma en la frente, le examina la garganta.

—Quiero quedarme contigo, mamá —dice Mark.

El pecho de la madre recuerda a una almohada. Mark apoya la cabeza en esa almohada.

—Mamá, mañana Zusia va a la feria con su padre, Elia. ¿Puedo acompañarlo, aunque solo sea hasta el puente?

—Siempre que no te duela la garganta, hijo —dice la madre con voz soñolienta.

La lluvia golpea monótonamente en la ventana. Reina el silencio. Todos duermen en la casa.

Mark y Zusia viajaban en una telega cargada con mercancías. Elia llevaba las riendas. El sol ya estaba bajo, por detrás de las casas se oía el timbre compacto de unas campanas.

—Ya tañen las campanas en el monasterio ortodoxo —dijo Elia—, hemos salido tarde.

Fustigó al caballo, y este apretó el paso. Pero al llegar a un cruce un guardia detuvo la telega.

—¿Adónde vas tan deprisa, tribu de ajos? ¿Es que no ves la procesión?

Bajaban por el Dviná[26] unas barcas engalanadas con tapices. La que iba en cabeza estaba ocupada por los sacerdotes y los cantores. Detrás, en unas barcas adornadas con gallardetes, venían los monjes y el público.

—Están celebrando su Pascua ortodoxa —dijo Elia y añadió en voz baja—: ¡Que les parta un rayo, a ellos y a ese Cristo suyo! Por su culpa vamos a tener que hacer noche en el camino, en una posada. Llegaremos a la feria por la mañana, no vamos a encontrar un buen sitio. ¡Que les parta un rayo, a ellos y a ese bastardo crucificado! —añadió, siempre en voz baja.

Las barcas alcanzaron la orilla, y la procesión empezó a remontar el sendero, camino del monasterio. Se oían los cánones de Pascua y el toque de las campanas.

—Qué bien cantan —dijo Mark, observando unos gallardetes que pasaban cerca de ellos, con los rostros de Cristo y de la Madre de Dios—. ¿Es verdad que Cristo era judío y que su madre también era judía?

—¡Era un bastardo! —respondió Elia con irritación—. No tenía padre legítimo. Su madre era una perdida.

—Y ¿dónde se había perdido? —preguntó Zusia.

—¡Qué pregunta más estúpida! —dijo Elia enfadado, contemplando nervioso la larga comitiva que impedía el paso—. Ay, no nos dará tiempo a llegar a la feria de día; vamos a tener que hacer noche en la posada. Y eso supone más gastos.

—He oído decir que Cristo era bondadoso y que amaba a todo el mundo —dijo Mark.

—¿A quién le has oído decir semejantes bobadas? —replicó Elia enfadado—. ¿A Tanka la ladrona? ¿O a Katka la lechera? Todo

---

26. El río Dviná Occidental (*Zajódniaia Dzviná* en bielorruso, *Daugava* en letón) nace en el noroeste de Rusia, atraviesa el norte de Bielorrusia —donde baña, entre otros lugares, la ciudad de Vítebsk— y se adentra en Letonia, desembocando en el golfo de Riga.

empezó con ese Cristo. Todos esos pogromos. Porque nosotros, los judíos, no aceptamos como Dios a ese bastardo. Nuestro Dios está en el cielo, y su Dios está pintado en una tabla. A su Dios se le puede cortar con un hacha, y quemar como leña, y usarlo para calentar la estufa. —Elia se echó a reír—. Nosotros tenemos grandes profetas, como Isaías, Jeremías, Ezequiel o Daniel, mientras que entre ellos los simples pescadores, los pastores y hasta las prostitutas son tenidos por santos. —Elia volvió a reírse—. Y su Dios es un vulgar carpintero.

Por fin la procesión pasó de largo. Elia fustigó al caballo, llegaron a la altura del puente.

—Ya es hora de que vuelva a casa —dijo Mark, apeándose de la telega.

—Te traeré de la feria piruletas de menta y un silbato de barro —dijo Zusia.

Después de cruzar el puente, la telega siguió por la estepa. Caía la noche, todo estaba desierto, en silencio, apenas se oían a lo lejos los tañidos de las campanas.

Petruja y Trenka se encontraban al lado de un poste, borrachos, haciendo sus necesidades en el canal.

—Viene alguien —dijo Trenka.

—Es ese joyero judío —dijo Trenka, subiéndose los pantalones.

Petruja y Trenka corrieron al encuentro de la telega y tiraron a Elia al suelo. Zusia se echó a llorar, pero Trenka le gritó:

—¡Chitón, liendre judía, o te aplasto!

Zusia se calló, muerto de miedo.

—¡El dinero! —le dijo Trenka a Elia.

Elia, pálido, le entregó el dinero.

—¡Danos el oro! —dijo Petruja.

—No llevo oro.

—Mientes. Vamos, ¡besa esta cruz! —Y acercó a los labios de Elia una cruz de plomo, de las que llevan los soldados, colgada de una correa de cuero que apestaba a sudor.

Elia intentaba apartar la cara de la cruz, mientras Petruja se la apretaba contra los labios, cada vez más fuerte.

—No te gusta la santa cruz —dijo Trenka, exhalando un olor a vodka y cebolla—, asesino de Cristo el Salvador.

—¡Judas!

Ataron a Elia al poste, lo rociaron con queroseno y le prendieron fuego. Rápidamente las llamas lo envolvieron por todas partes.

—Arde muy rápido —dijo Trenka, sonriéndose.

Arrojaron a Zusia al suelo, se subieron de un salto a la telega y se alejaron de allí.

Al amanecer Zusia llamó a la ventana de los Shagal. Era incapaz de decir nada, solo acertaba a llorar. Al ver sobre la mesa un pedazo de pan y un arenque, los cogió y empezó a comer sin dejar de llorar.

—El chiquillo está muy asustado —dijo la madre—. Siéntate y cuéntanoslo todo. ¿Dónde está Elia?

—Papá ha ardido —dijo Zusia temblando—. No me atrevo a ir a casa y decírselo a mamá.

—¿Cómo que ha ardido? —preguntó Zajaria.

—Lo han quemado unos bandidos… Ha ardido muy rápido, porque estaba delgado. Yo quiero comer mucho, engordar. Si me queman a mí, tardaré tanto en arder que los ladrones no esperarán hasta el final.

—El niño está delirando —dijo la madre, llorando—, hay que acostarlo. Voy corriendo a ver a Jaia.

—Habría que avisar a la policía —dijo Zajaria.

—La policía es igual de antisemita que esos ladrones —dijo la madre. ¿Crees tú que van a ayudar a encontrar el dinero robado?

Zusia no paraba de comer. Mark se acercó a la mesa y también empezó a comer grandes pedazos de pan.

Enterraron a Elia en un féretro casi vacío, en cuyo fondo arrojaron unos puñados de ceniza, su sombrero medio quemado y sus zapatos. Mientras el cortejo recorría la ciudad, Jaia se daba golpes en la cabeza y gritaba:

—¡No sé dónde termina mi marido y dónde empieza la madera quemada!

Una vez en el cementerio, leyeron un responso junto a la tumba. Todo el mundo lloraba.

No cesaba el llanto colectivo, pero ya no se trataba de un entierro, sino de una boda. Había un salón en la ciudad, perteneciente a la comunidad judía, donde se celebraban las bodas. Las paredes estaban adornadas con retratos de eminentes rabinos —el rabí Schneerson, el rabí Mandel y otros—, que miraban al público con severidad. En el salón tenía lugar la parte oficial del casamiento, y podía estar presente cualquiera que lo desease. Pero al banquete en casa de los novios solo acudían los invitados. No obstante, en las bodas más ricas, a los niños les repartían golosinas en el salón; y a los mayores, vino acompañado de entremeses fríos de pescado relleno.

Hoy hay una boda opulenta: se casa el hijo de Gurévich, propietario de un café, con la hija del peluquero Kniazevker. Y el maestro de ceremonias canta con voz atronadora y grita:

—¡Ay, novia, novia, la que te espera!

Todos lloran a su alrededor. Mark, como suele ocurrir estos casos, gimotea al lado de su madre, y Zusia hace lo propio al lado de Jaia.

—Hoy hay una boda opulenta —dice la madre—, servirán pescado relleno.

—Y se nota —dice Jaia—; fíjate cuántos mendigos y andrajosos se han dado cita. Ya lo ves: hasta la familia del carretero Vilenski está aquí. Su mujer se dedica al comercio clandestino de vodka, el propio carretero anda siempre bebido, y a su hijo le cuelgan los mocos. A su hijo Solomón.

—Queridos invitados —dice Gurévich—, basta de llanto. Ya es suficiente. Ahora van a servir vino y pescado a la salud de la joven pareja, y golosinas para los niños.

—¡Le deseamos lo mejor a la joven pareja! —grita la gente—. ¡Que sean felices, muy felices! —Todos los presentes se suenan los mocos, se enjugan las lágrimas. Vuela por los aires el confeti: pedacitos multicolores de papel. Los músicos de la boda entonan una alegre polca. Los camareros del café de Gurévich sirven el vino, el pescado, las golosinas.

—Mark, baila con Liza —le dice la madre—, que os vea la gente.

Mark baila con Liza.

—Qué bien baila este chico —comenta la gente—. ¡Qué salado! Y ¡qué rizos! ¿Quién es?

—Es hijo de Shagal, el cargador en la tienda de arenques —dice alguien—. Está bailando con su hermana.

—Mi hijo también sabe cantar —dice la madre—. Canta, Mark. Mark canta.

—¡Qué preciosidad de voz infantil! —comenta la gente. Todo el mundo aplaude.

—¿Ves a esa chica que te está mirando? —susurra Zusia—. Es Bella Rosenfeld. La conozco, mi difunto padre trabajó para su familia. Son ricos.

—¡Qué guapa es! —susurra Mark.

—Y la otra es su amiga Ania, es hija de un médico.

—También es muy guapa —dice Mark.

—¿Quieres que te las presente?

Los músicos de la boda interpretan un vals. Todos bailan. Viejas y viejos, muchachas y muchachos, pobres y ricos: todos siguen el ritmo con los pies, dan palmas, entrelazan los brazos, giran en corro. Mark baila con Zusia, y Bella con Ania.

—¡Os deseamos que seáis felices! —Todo el mundo se besa. Al lado de Mark hay una vieja, no tiene más remedio que besarse con ella. Mark mira a Bella y a Ania, pero no las deja en paz ni un segundo el hijo del carretero, Solomón.

—¿Qué tiene ese idiota, ese guarro, ese gamberro, que nosotros no tengamos?

Mark y Zusia se abren paso hasta las chicas.

—Ánechka, ven a bailar conmigo —dice Solomón.

—Márchate, Solomón, y no vuelvas —dice Ania.

—¿Es que no entiendes el hebreo? —le dice Zusia a Solomón—. ¡Largo de aquí, *kaker*![27] ¡Límpiate los mocos!

Las chicas se ríen. A Solomón le tiemblan los labios y las manos, está pálido.

—¡Imbéciles, idiotas! —dice enrabietado—. Os reís de mí por ser el hijo de un carretero pobre. Ya os lo recordaré cuando llegue el momento.

Aprieta los puños y se aleja.

—Qué forma de gritar, seguro que se ha vuelto majareta —dice Bella.

—Conviene apartarse de él, su padre es un borracho —dice Ania.

27. «Inútil, pesado», en *yiddish*.

—¡Os deseamos que seáis felices! —vuelve a gritar el maestro de ceremonias.

Esta vez es Bella la que está al lado de Mark, y él la besa con mucha cautela en la suave y perfumada mejilla.

—Este es mi amigo Mark Shagal —dice Zusia—. Ya canta en la sinagoga, es ayudante del cantor.

—Le vi en una fiesta en la sinagoga. —Ania se sonríe—. Qué bien cantaba usted el discanto.

—¿Quiere usted ser cantante? —pregunta Bella.

—Sí, pienso ir a San Petersburgo para ingresar en el conservatorio.

Suena un *freilech*.[28] Todo el mundo baila. Mark baila con Bella, y Zusia con Ania. Después cambian, porque Ania grita divertida:

—¡Las damas cambian de pareja! —Mientras bailan, se dirige a Mark—: ¿Ya estás estudiando?

—Pronto iré al Gimnasio —dice Mark—; mi madre ya ha reunido el dinero para sobornar al profesor.

La ciudad nevada está engalanada con banderas. Las calles están llenas de soldados. Mark, con el uniforme de alumno de Gimnasio, ejecuta con brío el saludo militar, acercando la palma de la mano a la gorra, adornada con una escarapela. Jadeando, con los ojos brillantes, llega corriendo a su casa y se quita la mochila.

—Mamá, voy a recibir al zar.

—¿A qué zar? —pregunta la madre, secándose las manos mojadas con una toalla.

—A nuestro zar. Nicolás II. Viene a Vítebsk, van a recibirlo en el Gimnasio. Nikolái Yefrémovich me ha incluido en la delegación encargada de entregar unas flores al zar. Además de los ortodoxos, por parte de los católicos va a estar Kazik Przechoński, hijo de un juez de instrucción; por parte de los musulmanes, el hijo del tártaro de la frutería; y, por parte de los judíos, yo.

—¿Estás oyendo, Zajaria? —exclama la madre, contenta—. ¡Han designado a tu hijo para recibir al zar! ¡Qué alegría! A lo mejor el zar escoge a nuestro hijo para cruzar unas palabras con él.

—Y ¿dónde es el recibimiento? —pregunta el padre.

28. Baile tradicional judío.

—En la estación —contesta Mark—. El zar viene de paso.

—Dios ha escuchado nuestras plegarias y nos colma de fortuna —dice la madre, enjugándose las lágrimas—. Tal vez, después del Gimnasio, admiten a Mark en la universidad, y el Estado corre con los gastos. Llegará a ser doctor o abogado, y tú, Zajaria, ya no tendrás que arrastrar pesados barriles de arenques. ¡Qué alegría! Toda la familia irá a ver cómo recibe al zar nuestro Mark.

La fila de estudiantes soñolientos se arrastra por el camino nevado. Está oscuro, todavía no ha amanecido.

Se ven por todas partes guardias municipales, barrenderos, cosacos.

—Señor director —pregunta el profesor Nikolái Yefrémovich—, ¿por qué se ha cancelado el recibimiento en la estación?

—Por miedo a los terroristas —dice el director bajando la voz—, por ese motivo el tren se detiene en el campo. ¿Va todo bien, Nikolái Yefrémovich?

—Todo está listo, señor director. Ya ha sido designada la delegación encargada de hacer la entrega solemne de flores al soberano.

Distintas orquestas tocaban en aquel campo. La zona había sido acordonada por las tropas. La muchedumbre se apelotonaba fuera del cordón.

—Zajaria, ¿no ves nada desde ahí? —decía la madre, poniéndose de puntillas—. ¿Nuestro Mark no se ha encontrado aún con el zar?

Los estudiantes se apretujaban como ovejas en un corral. El director del Gimnasio recorría las filas en compañía de un oficial alto, cubierto de condecoraciones.

—Esta, Excelencia, es la delegación de estudiantes que se ocupará de la solemne entrega de flores al soberano.

Los ojos turbios del oficial se desplazan por la formación, hasta que de pronto se detienen en Mark y lo taladran como un berbiquí.

—Pero ¿cómo es posible? —exclama irritado—. ¿Y esa fisionomía judía? El primer Gimnasio tiene que ser el primero en todo. ¿Cómo me trae usted esto?

—Nos lo han ordenado, Excelencia —se apresura a aclarar el director—; según reza la circular del ministerio de Educación, en la delegación tenemos que incluir estudiantes de las distintas confesiones.

—Bueno, en tal caso tráigame al menos a un judío algo más presentable —dice el militar con enojo—. Menudo pigmeo han encontrado. ¡Que no se vuelva a repetir! Llévenselo.

—A sus órdenes, Excelencia —dice el director del Gimnasio. El oficial, acompañado por sus ayudantes, sigue adelante.

—Y ese ¿quién es? —el director se desfoga con Nikolái Yefrémovich—. ¿De quién es hijo?

—Es Mark Shagal —responde aturullado Nikolái Yefrémovich—. Su padre trabaja en una tienda de arenques.

—¡En una tienda de arenques! —se irrita el director—. Admite usted en el Gimnasio estatal a toda clase de desechos. Acepta sobornos. Ya me ocuparé yo de sus asuntos.

—Señor director, hace poco ingresó en nuestro Gimnasio, procedente de la Escuela Real,[29] Aminodav Schuster. —Señala a Aminodav, un muchacho alto y bien plantado.

—Con tal de que tenga una estatura decente —dice el director—. Proceda a sustituirlos.

—Colócate ahí —le dice Nikolái Yefrémovich a Aminodav—. Y tú —se dirige a Mark—, vete a las filas de atrás.

Mark se arrastra tristemente, reprimiendo a duras penas las lágrimas.

—Ahí va Mark —grita David—, y está llorando.

—¿Llorando? —pregunta la madre, alarmada—. ¿Dónde, dónde está llorando? Zajaria, ¿puedes verlo? ¿Qué le ha pasado a mi hijito?

—¡Hurra! —se extiende el grito por el campo. Aparece el zar, pálido, vestido con uniforme de soldado, rodeado de príncipes, ministros, generales. Pero las lágrimas le nublan los ojos a Mark: no puede ver nada, todo se funde en una mancha espesa.

—Se van a enterar —murmura—. Voy a ser un gran músico… o un artista… o un bailarín… Voy a ser grande… me marcharé a San Petersburgo.

---

29. La Escuela Real *(reálnoie uchílishche)* era, en la Rusia zarista, una escuela secundaria en la que se ponía el acento en la enseñanza de las matemáticas y de las ciencias naturales y aplicadas; toma su nombre de la Realschule alemana.

La gorra del zar se cubre de nieve.

El zar saluda a las compañías que desfilan por delante de él. Se acercan hasta él las distintas delegaciones, le entregan flores, pronuncian discursos. Se advierte en todos los semblantes una expresión satisfecha y solemne. Solo hay tristeza en el rostro del zar, plantado en el centro del festejo, y en el rostro de Mark Shagal, el estudiante menudo, plantado en la última fila.

—Se van a enterar —murmura Mark—. Me marcharé a San Petersburgo… Voy a ser grande…

Suena el himno. Cae una nieve poco espesa.

Reina el silencio en la biblioteca. Tan solo un señor gordo hojea las revistas. Mark, en un rincón, copia el retrato del compositor Rubinstein[30] que aparece en la revista *Niva*.[31] Al lado hay varios dibujos más, ya terminados. Entra en la sala de la biblioteca una linda muchacha que lleva un vestido de marinero, con un libro en la mano. El gordo aparta los ojos de las revistas y le dirige una mirada empalagosa. También Mark levanta los ojos.

—Ania —la llama.

—Más bajo —dice el gordo disgustado—. Esto es una biblioteca, no un bulevar.

Ania se acerca a Mark, se sienta a su lado.

—Hola, ¿qué haces aquí?

—Dibujo. —Mark mira a Ania—. Cuánto tiempo sin vernos. Estás aún más guapa. Fíjate en cómo te mira ese gordo impertinente.

—Gordo estúpido —dice Ania en voz baja—. ¿Esto es lo que has dibujado?

—Yo… copio, pero también improviso un poco. Este es el compositor Rubinstein… Este de aquí es un fumador… Esta, una mujer griega…

—Caramba, Mark, si eres un verdadero artista.

—¿Artista? ¿Qué quiere decir eso? ¿Quién es un artista? ¿Yo soy un artista?

30. Antón Grigórievich Rubinstein (1829-1894), pianista, compositor y director de orquesta ruso.
31. Popular semanario publicado en San Petersburgo de 1869 a 1918.

—No te hagas el modesto: tú querías ir a San Petersburgo a estudiar.

—Yo quería ir a estudiar al conservatorio, pero ahora, no sé, ¿tú crees que debería ser pintor?

—¡Más bajo, jóvenes! —dice el gordo enfadado.

—¡Qué cara más chusca! —susurra Mark—. Me gustaría dibujarla.

—Tienes que estudiar, Mark. Leer libros sobre pintores. Si quieres, te puedo prestar alguna cosa de la biblioteca de casa… Mi padre es un gran aficionado a la pintura. Te voy a dejar un libro con ilustraciones de algún artista…

—Basta ya de gastar queroseno —dice la madre desde su cuarto—, vete a dormir. ¡Cuántas veces te tengo que decir que estudies de día! Estás como una cabra. Déjanos dormir a tu padre y a mí, y a toda la casa.

—Un ratito más —replica Mark, bosquejando la silueta de un dibujo de un libro grueso.

David, en camisón, se acerca por detrás a Mark, con mucha cautela.

—Mamá —exclama—, ¡Mark está pintando el Dios de los *goyim*!

—¿Qué pasa? —aparece Zajaria en calzones y agarra el dibujo—. ¿Cómo? ¡El Dios de los *goyim*! ¿En mi casa? ¿No estás estudiando? Y yo que te pago el Gimnasio. ¡Repetidor!

—No grites, Zajaria, por favor te lo pido —dice la madre.

—¿Quién te ha dado este libro de *goyim*? —grita Zajaria.

—Ania —dice Mark, bajando la vista.

—¿Qué Ania? ¿Tienes amistad con los *goyim*?

—Ania es la hija de un médico —la madre intenta tranquilizar al padre.

—¿Cómo se llama el libro? —pregunta el padre.

—Es un libro sobre Durero, el pintor alemán —contesta Mark.

—Mañana mismo devuelves el libro. ¡Que no lo vea yo en casa! Y ¡que no se te ocurra volver a pintar al Dios de los *goyim*! O te echo de casa. —Zajaria rompe el dibujo.

—Más bajo, Zajaria —dice la madre—. No va a volver a hacerlo. ¿A que no, Mark? ¿A que no vas a volver a hacerlo?

Apaga la lámpara. Todos se dispersan en la oscuridad y cada uno va a su cama.

—Judas —le dice Mark a David en voz baja y le da con el codo.

Mark y Ania están sentados a la orilla del río al atardecer. Ania lleva puesta la gorra de Mark. Reina el silencio, no hay nadie más por allí.

—Tu padre es doctor, y el mío cargador —dice Mark después de un largo beso.

—Papá no se opondrá —dice Ania—, nos dará su bendición. Tú vas a ser un artista famoso, lo sé. Además, eres guapo, a las chicas les gustas. Así que has salido con Aniuta…

—Nos hemos besado un par de veces. Hace mucho que no nos vemos. Hay un actor que anda detrás de ella.

Mark levanta la cabeza, escucha atentamente.

—Es un *drozhki*[32] que va camino de la estación —dice Ania—. Abrázame. Llevo corsé, puedes desabrocharlo.

De pronto se oye un ruido de pasos. Se acerca una pandilla de muchachos.

—Devuélveme la gorra —dice Mark asustado y se pone de pie de un salto.

Alguien lo golpea con fuerza en la espalda. Mark corre sin la gorra. Gritan a su espalda:

—Aléjate de ella y no te atrevas a venir aquí; si no, ¡te obligaremos a hacer el trineo![33]

—No le hagáis nada, idiotas, ¡es mi novio! —grita Ania.

Solomón Vilenski le arrebata el gorro, lo pisotea y lo arroja al río.

—La próxima vez tu novio saldrá corriendo sin los pantalones —dice.

Mark está tumbado boca abajo en la camilla en la que el padre de Ania suele recibir a sus pacientes. Ania le frota con mucho cuidado un gran moratón en la espalda.

32. Coche ligero y abierto de cuatro ruedas.
33. Castigo escolar que consistía en tumbar boca arriba a la víctima, levantarle las piernas y doblárselas hacia atrás, hacia la cara.

—¿Te duele aquí? —le pregunta.

—Sí —dice Mark torciendo el gesto—. Me duele por todas partes.

—Pobrecito —dice Ania—, te han pegado por mi culpa. ¡Ven, que te doy un beso, pobrecito!

Ania se inclina y lo besa.

—Otra vez.

—Basta. Poco a poco. Te marcharás a San Petersburgo y te olvidarás de mí.

—Jamás me olvidaré de ti. Te lo puedo jurar.

—¿Quieres convertirte en un perjuro? Llegarás a ser un pintor famoso, beberás champán, frecuentarás el teatro, fumarás cigarros, te vestirá un sastre de moda, tendrás una pareja de caballos moros y un carruaje. Y, por descontado, muchas mujeres.

—Me acordaré para siempre de ti, hasta la venida del Mesías y el fin del mundo.

Suena el timbre de la puerta.

—Mira por dónde; quizá sea el Mesías, que ha venido —dice Ania.

—¿Quién es? —Mark se levanta precipitadamente de la camilla—. ¿Es tu padre?

—Tranquilo —dice Ania—, papá y mamá están en Yalta, y he dado el día libre a la criada… Debe de ser alguna amiga. Voy a ver.

Ania sale y cierra la puerta que da al vestíbulo. Se oye entrar a alguien, se oyen risas, cuchicheos. Un reloj de pared da la hora. Ania tarda en regresar. Mark se levanta de la camilla, se asoma cauteloso al vestíbulo. Ve a una chica de espaldas, pero, en el momento en que entra Mark, ella se da la vuelta. Semblante pálido, grandes ojos negros.

—Bella Rosenfeld —dice.

—Mark Shagal… Pero ya nos conocemos. ¿Se acuerda del salón de baile en la boda de los Gurévich? Desde entonces está usted aún más guapa.

—Bella, no te fíes de sus rizos ni de su tez sonrosada —dice Ania—. Hace un momento me juraba amor eterno: aseguraba que me iba a querer hasta la venida del Mesías.

—Pero puede que el Mesías ya haya venido. —Mark no aparta la vista del semblante pálido de Bella.

—Se marcha a San Petersburgo, se olvidará de todas las chicas de Vítebsk —dice Ania.

—¿Tiene intención de ir a San Petersburgo? —pregunta Bella.

—Sí —responde Mark—, quiero ingresar en la Escuela de Pintura. En cuanto consiga el dinero, me iré. Puede que, con ocasión del Rosh Hashaná,[34] mi padre me lo dé.

Rosh Hashaná: la fiesta de la cosecha, celebrada desde tiempo inmemorial en la tierra de promisión. Septiembre. Los árboles dejan caer sus hojas al suelo. El viento las arrastra, y estas acaban flotando en el Dviná. Grupos de judíos se reúnen en la orilla. Hombres de barbas ondulantes se inclinan hacia el agua, les dan la vuelta a los bolsillos y los sacuden. Todo va a parar al agua. Migas de pan, pañuelos, pedazos de papel: todo se lo lleva el agua, todo se va hinchando.

—Que se hundan de este mismo modo nuestros pecados —dicen los judíos. Un rabino reza una oración de absolución de los pecados.

—Tráiganos Dios un dulce año nuevo —dicen los judíos. Zajaria, Mark, Zusia, Pinjas, Aminodav… Todos los judíos piden un dulce año nuevo…

—Pa… pá… Quiero ir a San Pe… a San Petersburgo —balbuceó Mark.

—¿Adónde?

—A San Pe… Pe… Petersburgo… Qui… qui… quiero asistir a la Escu… a la Escu… a la Escuela de Pintura…

—*Meshugener*[35] —exclamó el padre—. ¡Estás loco! Y ¿de qué piensas vivir?

—No necesito mucho —farfulla Mark, mirando a su padre, que gesticula irritado—, me acomodo donde sea… Un catre cualquiera, o medio si hace falta… ¡Anda que no hay gente buena! ¿Quién me va a negar una taza de té? ¿Acaso no voy a encontrar

34. Año Nuevo judío.
35. «Chiflado», en *yiddish*.

una rebanada de pan en algún banco o en algún escalón? Muchas veces la gente se deja un poco de pan envuelto en un papel.

—¿Es que quieres convertirte en un mendigo? ¡El primer mendigo en la honorable familia de los Shagal!

—Papá, ¿y si, después de todo, Dios me ayuda y empiezo a ganarme la vida con mis dibujos? ¿Cómo voy a salir adelante si no valgo para nada que no sea dibujar?

—Zajaria —tercia la madre—, el caso es que el chico no puede ser un obrero como tú: tiene una constitución muy frágil. No tiene fuerza para levantar semejantes pesos.

—Papá —dice Mark—, mi única oportunidad es llegar a ser un artista y dejar de pensar en el pan de cada día.

—Zajaria —dice la madre—, ¿qué tal si con motivo del Año Nuevo, con motivo del Rosh Hashaná, le das algo de dinero al niño?

El padre se abalanza sobre el samovar, se sirve un vaso bien lleno de té y se lo toma sin azúcar.

—Está bien —dice—, por lo que a mí respecta, puedes irte. Pero déjame que te diga una cosa: no tengo dinero. —Se levanta de un salto, se marcha a toda prisa a la habitación vecina. Allí está un rato trajinando y abre algo; vuelve después corriendo y grita—: ¡Anda, píllalo, que no se te escape!

Y arroja un dinero debajo de la mesa. Con lágrimas de alegría, Mark repta por debajo de la mesa para recoger el dinero.

—No te lo tomes a mal —le susurra su madre, inclinándose hacia él—, así es como lo hace tu padre: tirando el dinero al suelo.

—Veintisiete rublos —dijo el padre—; ya lo estás viendo, eso es todo lo que he podido arañar. No voy a poder mandarte dinero, no cuentes con eso.

—*Vey iz mir,*[36] hijo mío —se echa a llorar la madre—; piensa detenidamente en los días de hambre que te esperan cuando te encuentres en una tierra extraña rodeado de personas desconocidas y saciadas. Como cualquier adolescente solitario, soñarás con la comida y el techo.

36. Expresión *yiddish* que indica desánimo o contrariedad; también se transcribe como *Vey ist mir.*

—No te lamentes —dijo el padre. Después de darle el dinero, se había serenado y parecía aprobar en su fuero interno la resolución de Mark—. Ya no es un adolescente. A su edad, yo ya llevaba mucho tiempo trabajando. Si has tomado la decisión de marcharte, hijo, entonces el dinero no lo es todo. Eres judío, y el zar ha establecido una zona de asentamiento para los judíos.[37]

—*Vey iz mir,* ¿qué se puede hacer? —suspira la madre.

—Voy a hablar con mi patrón. Él es amigo de un comerciante, y a lo mejor ese comerciante le proporciona un documento provisional en el que diga que Mark tiene que conseguirle alguna mercancía en San Petersburgo.

—Te estaré enormemente agradecido, papá —dijo Mark, muy contento—. Quiera Dios que yo sea capaz de insuflar mi aliento en los cuadros, el aliento de la oración y el sufrimiento. Pase lo que pase, parto al encuentro de una nueva vida.

—Ve en buena hora, hijo mío.

La madre se enjugó los ojos con un pañuelo.

Mark y Aminodav marchaban por el camino nevado en un carro lleno de mercancías. Zusia guiaba el caballo.

—¿Cuánto dinero te ha dado tu padre para el viaje? —preguntó Aminodav.

—Veintisiete rublos —dijo Mark.

—¿Cuánto? ¿Veintisiete?

—¿Y qué? Estoy muy satisfecho. Pensaba que me iba a dar quince rublos.

—Y ¿con ese dinero pretendes instalarte en San Petersburgo?

—Y ¿cuánto se necesita?

—¡Que cuánto se necesita! —bromeó sarcásticamente Aminodav—. Cinco mil.

—Aminodav, deja de hacerte el gracioso —dijo Zusia—; cinco mil los tiene Rothschild. Si Mark tuviera cinco mil rublos,

---

37. Entre 1795 y 1917, en el Imperio Ruso los judíos solo estaban autorizados a residir en las provincias más occidentales, en territorios de las actuales Polonia, Lituania, Bielorrusia, Ucrania y Moldavia, que habían pertenecido históricamente, en su mayoría, a la República de las Dos Naciones polaco-lituana. El asentamiento de judíos fuera de esa zona estuvo siempre muy limitado y requería la correspondiente autorización.

sería banquero y no tendría que pensar en cómo ganarse la vida con su arte.

—Muy bien —dijo Aminodav—, admitamos que he exagerado un poco con lo de los cinco mil, pero setenta, ochenta rublos sí que hacen falta para los primeros tiempos. —Sacó de una cartera gastada un pequeño ábaco de contable y empezó a sacudir las cuentas—. Diez rublos, de entrada, se irán en el alojamiento.

—¿Diez rublos? —Mark se mostró asombrado—. Dos rublos, eso es todo lo que puedo gastar.

—Dos rublos dan para un trastero —dijo Aminodav—. ¿Cómo pretendes tener *renommée* viviendo en un trastero? ¿Quién iba a concederte crédito?

—Aminodav —dijo Zusia—, Mark es un artista, no un comerciante, ¿para qué necesita *genommée*, como dices tú?

—Todo el mundo necesita *renommée* —le corrigió Aminodav—. Ya me lo dijo el señor Simić, un hombre inteligente a quien conocí en Vítebsk, en la Bolsa de valores, y a quien vamos a ver ahora en la feria de Cracovia: señor Schuster, no hay nada mejor en el mundo que el papel moneda. Pero la reputación es aún más valiosa que el dinero. La reputación consiste en ganar un buen dinero de manera honrada. Sin sobornos de ninguna clase. Como dicen los alemanes, sin *Happen sie gewesen.*[38]

—Puede que tenga talento —dijo Shagal— y que también yo sea capaz de ganarme honradamente la vida.

—Sí, el talento es tu capital —dijo Aminodav—, pero el talento hay que invertirlo bien desde el primer momento. Si lo inviertes en un trastero, ¿qué rendimiento te va a dar? Y, aparte de la vivienda, en San Petersburgo hace falta por lo menos un traje presentable para tratar con los agentes. Eso son otros cinco rublos. —Aminodav manipuló el ábaco—. ¿Y la alimentación, con la actual carestía? En San Petersburgo uno vive rodeado de tentaciones: a veces te apetece fumar, no digo ya un cigarro, pero sí por lo menos unos cigarrillos decentes. Te apetecen unos bollos para acompañar el té, y el diablo sabrá cuántas más cosas. Y luego está el sexo femenino. Desde luego, lo más barato es darse

---

38. «Soborno», «cohecho» (expresión pseudoalemana acuñada en Rusia).

al onanismo. No te ruborices, Zusia, no estoy hablando de ti. Es una necesidad natural que nos ha dado Dios. Me refiero al amor a las mujeres. Pongamos, como gasto mínimo, un rublo a la semana en prostitutas. —Movió las cuentas en el ábaco—. Las prostitutas siempre salen más rentables que una relación con una criada o una costurera: no hay que malgastar el dinero en ramos de flores, en bombones y cosas así… En fin, tirando por lo bajo, con menos de setenta rublos es imposible irse a vivir a San Petersburgo.

—Pues yo voy con veintisiete, y que Dios me ayude.

—Dios —se sonrió Aminodav—; Dios tiene tanto dinero como un mendigo con morral. Más vale que pienses en los judíos ricos de San Petersburgo: comerciantes, doctores o abogados.

La telega llegó a un cruce de caminos.

—Yo me bajo aquí —dijo Mark—; que tengáis buen viaje y mucha suerte en la feria de Cracovia.

—¡Suerte también a ti! —dijo Zusia—. Quién sabe, a lo mejor te conviertes en un pintor famoso y ganas mucho dinero.

—En ese caso, nos olvidará a ti y a mí —dijo Aminodav—. Hará amigos de una clase muy distinta. Pero te deseo todo tipo de éxitos, Mark.

—Yo nunca os olvidaré, amigos —dijo Mark—. Nos veremos y conservaremos los lazos de la infancia.

Se abrazaron y se besaron. La telega siguió su camino. Mark se quedó un buen rato parado, despidiéndose con la mano. Aminodav y Zusia también estuvieron agitando la mano hasta que el vehículo se perdió tras una curva.

Bat mitsvá: la mayoría de edad de las muchachas. El recorrido invernal en trineo hacia el baño ritual en la *mikvá*:[39] la purificación. En la plaza del mercado venden manzanas confitadas y *kvas* azul:[40] frío, helado. Los baños están a oscuras, llenos de vapor; el hielo cubre las ventanas. Unas señoras desnudas, de manos enjutas, se ocupan de Bella y de Anna y de las demás chicas, las hacen desnudarse.

---

39. La *mikvá* (o *mikvè*) es el baño donde se realizan los ritos de purificación del judaísmo.

40. El *kvas* es una bebida tradicional rusa de muy baja graduación alcohólica, obtenida de la fermentación de malta, pan de centeno y frutas; aunque su color característico oscila entre el amarillento, el anaranjado y el rojizo, ciertos frutos y bayas pueden alterar su tonalidad.

Una solitaria lámpara brilla tristemente en la penumbra. Una anciana con una vela y una toalla las acompaña hasta la piscina.

—Tapaos la nariz, cerrad los ojos y meteos en el agua, zambullíos —dice la vieja y, cogiéndolas de la cabeza, sumerge a las muchachas en el agua.

Bella y Anna se ahogan, experimentan el terror de la iniciación a la feminidad y oyen rezar una oración sobre ellas.

—Es *kósher*: ¡está limpia! —proclaman solemnemente las viejas cada vez que una chica, aferrándose a los resbaladizos escalones, sale de la piscina. Acto seguido, la envuelven en una toalla blanca.

—Que sea para bien —dicen las ancianas— y que os traiga salud: aquí concluye vuestra infancia.

Una fría estación en San Petersburgo. Mark abandona el vagón en medio de una multitud de pasajeros. El breve día empieza a declinar, se enciende el gas en las farolas, se iluminan los escaparates, van y vienen los trineos de alquiler, los tranvías abarrotados tintinean gravemente. Mark a duras penas ha podido hacerse un hueco con sus cosas en el tranvía.

—¡Por favor, billeteees! —grita el revisor. Los pasajeros suben y bajan. La gente empuja por detrás. Alguien se apoya en la espalda de Mark.

—¿Bajas?

—Por favor, billetes… Próxima parada: Panteleimónovskaia.[41]

—¿No sabrá usted dónde podría alquilar una habitación, por pequeña que sea? —le pregunta tímidamente Mark a un hombre.

—¿Cómo? ¡Qué demonios, deja el paso libre!

—Mira los avisos en las vallas —le dice una señora.

El tranvía se detiene con un chirrido.

—¡Panteleimónovskaia! —grita el revisor.

La gente empuja por detrás. Mark sale a trompicones del tranvía, está a punto de caerse. El tranvía se pierde de vista, despidiendo chispas multicolores del trole. El ambiente es frío, escasa-

---

41. La calle Panteleimónovskaia, situada en el centro histórico de San Petersburgo, fue rebautizada como calle de Péstel en 1923 (en homenaje al decembrista Pável Ivánovich Péstel). Debía su nombre a la iglesia de San Pantaleón, situada en esta calle.

mente acogedor. Cerca, por la acera nevada, pasan transeúntes con cara de pocos amigos. Mark se aproxima a una valla y lee los avisos con los ojos ateridos por el frío. Hay muchos avisos. Se alquilan cuartos, se alquilan trasteros. «Se alquila buhardilla compartida en la calle Panteleimónovskaia. Preguntar al acordeonista del parque Panteleimónovski. Seis de la tarde.»

—Disculpe, señor —Mark se dirige a un moreno con aspecto solvente—, ¿dónde está el parque Panteleimónovski?

El moreno le echa un vistazo, pasa de largo sin responder. Se acerca un hombre más modesto, posiblemente un artesano.

—Disculpe, ¿dónde está el parque Panteleimónovski?

—¡A cuatro verstas, campo a través! —se burla el artesano.

Está borracho. Otro fracaso. Ahora pasa un oficial, haciendo sonar sus espuelas, y una damisela.

—Te ha mentido, y tú has confiado en ella —dice la damisela.

—No te enfades, Valiuta —dice el oficial—; si te enfadas, no tienes derecho a…

—Señor oficial —pregunta Mark, yerto de frío—, ¿queda lejos el parque Panteleimónovski?

Con la mano enfundada en un blanco guante de cabritilla, el oficial le señala el extremo de la calle.

Al final, el parque Panteleimónovski no estaba tan lejos. El acceso era libre, pero la entrada al pabellón de baile, donde se oía el sonido de un acordeón, costaba diez kopeks. Alrededor de la pista de baile había unas mesitas. En cuanto Mark, que estaba muy cansado, se sentó a una de ellas, se le acercó un camarero.

—¿Qué desea: cerveza o vino?

—Quiero hablar con el acordeonista.

—¿Qué acordeonista? Deja la mesa libre. —Y se acercó a una pareja—: ¿Qué desean: cerveza o vino?

—Tráiganos un vino tinto, si es tan amable… Un *clos-vougeot sec*.

Bigotillos de bufón, un anillo en un dedo. Tiene pinta de tahúr o de ladrón. Mark se aleja a toda prisa. La banda ha acabado de interpretar el baile, las parejas se dispersan. Un acordeonista aparece en el estrado. Luce una *kosovorotka*[42] roja bordada,

42. Camisa tradicional rusa, con cuello de tirilla abotonado a un lado.

botas resplandecientes, una gorra con visera de charol. Aunque es de cara fofa y regordeta, se arranca de pronto con aguda voz de tenor:

> Nací en San Petersburgo y me crie con unos parientes,
> mas aprendí a robar con mis amigos.
> Pasa la primavera, llega el verano,
> se cubren de flores los jardines.
> Pero entretanto, ay desdichado,
> me llenan de cadenas los pies.[43]

—Panteleimón Pantaléievich —le dice el camarero al acordeonista cuando este, una vez acabada la canción, se mete entre bastidores—, hay uno que pregunta por usted.

—¿Quién? —se alarma Panteleimón Pantaléievich—. ¿No será la Policía?

—No, es un muchacho con una maleta.

—¿Con una maleta? Tal vez sea por el alquiler. Que pase.

—¿Ha puesto usted el anuncio? —pregunta Mark al entrar.

—Sí —asiente el acordeonista mirándolo a la cara—. ¿Cómo te llamas?

—Mark.

—¿Armenio?

—No, judío.

—Judío… Hum… ¿No te dedicarás a robar?

—Soy artista.

—Me gustan los artistas. Ahí tienes papel, dibuja alguna cosa para que te crea. —Mark dibuja a toda prisa—. ¿Quién es este? ¿Yo? Se me parece. Me caes bien, artista. Pero hay una cosa. ¿Qué tal con las mujeres?

—Tengo novia.

—Novia. Eso está muy bien. ¿Sabes cómo me lo agradeció el anterior inquilino? Importunando a mi mujer. Yo trabajo en una imprenta y por la tarde saco un dinero como acordeonista en el parque. Cada vez que salía, él iba a ver a mi mujer. Como es natural, le rompí las costillas y lo tiré por las escaleras. Ya lo ves, no seas

---

43. Fragmento de una canción carcelaria tradicional, «¿Para qué nací, muchacho?».

nunca un canalla. Ahora está en el hospital, y media buhardilla se ha quedado libre.

—Panteleimón Panteléievich, es su turno —se asomó el camarero.

—Espérame, artista. ¿Tienes adónde ir?

—No.

—Entonces ve a ver a los ilusionistas en el pabellón. Dile al que vende las entradas que vas de parte de Panteleimón Panteléievich. Te dejará pasar.

El acordeonista salió al estrado, y desde allí llegaba su voz de tenor:

Ruedan las olas, amenazando con su espuma.
El Baikal se enfurece, presa de la ira.
No se ve nada con los rayos cegadores.
Un pobre vagabundo se oculta entre las rocas.

—Y ahora, respetados señores y señoras, yo, el magnetizador Vasili MacGold, me dispongo a adivinar ante el público los pensamientos de toda Rusia. —Cabellos embadurnados de brillantina, una flor amarilla de papel en el ojal del frac—. Pero, por favor…

Mark, adormilado en una de las últimas filas, levanta la cabeza. Redoble de tambores. Los ayudantes traen un escudo enorme, cubierto con una tela negra.

Le entregan una pistola al magnetizador. El redoble de tambor se hace más fuerte. El magnetizador dispara al escudo. Cae la tela. Queda al descubierto un gran retrato de Nicolás II, con la inscripción: «Que Dios guarde a nuestro monarca». Aplausos. Una y otra vez, a Mark le cae la cabeza sobre el pecho, continuamente está evitando quedarse dormido. Como entre algodones, le llegan unas palabras:

—Y ahora, respetado público, el espectáculo del siglo. Sin trampa ni cartón. Un secreto místico que he heredado de una serie de célebres magos. Mi mujer y yo nos situaremos en un lugar abierto. Ella, a la vista del público, me cortará la cabeza y la sostendrá en sus manos, mientras que el tronco sin cabeza permanecerá en el sitio. Entonces cargará un mortero con mi cabeza y apuntará a la diana. Después del disparo, mi cabeza dará en el blanco, desde donde hablará con el público, mientras el tronco, atendiendo las órdenes de la hechicera, se acercará hasta la cabeza, se unirá a ella y mostrará su agradecimiento postrándose a sus pies.

La risueña mujer, con un cuchillo en la mano, le corta la cabeza al magnetizador entre los chillidos de las damas.

—¡Bravo, magnetizador! —grita el público.

—Charlatanería —murmura alguien cercano.

La cabeza, una vez que está en la diana, dice solemnemente:

—¡En el nombre de Dios y del zar ortodoxo, cantemos el himno! —Y empieza a cantar—. Dios, guarda al zar…

—Andando, chico, ya estoy libre —le dice al oído Panteleimón Panteléievich.

—Me gustaría ver, si es posible —dice Mark—, cómo la cabeza se une al tronco.

—La cabeza es de goma —susurra Panteleimón Panteléievich—, y canta con el abdomen. Hace mucho que conozco a este Vaska. Menudo pícaro.

Salen a la calle. Está oscuro.

—La buhardilla no está nada mal, es cálida —dice Panteleimón Panteléievich—. Lo más importante es que respetes a mi mujer… —Mira hacia atrás—. Maldita sea, ahí está ese guardia… Seguro que ahora la toma con nosotros.

—Alto ahí, ¿adónde vais tan rápido? ¿De dónde habéis sacado esa maleta? ¿La habéis robado?

—Excelencia, este es mi nuevo inquilino. Es artista. Judío.

—¿Judío? ¿Tiene permiso de residencia?

—Tiene de todo, Excelencia. —Y le susurra a Mark—. Saca dos rublos.

—Dos rublos es mucho —dice Mark.

—De acuerdo, artista, me has caído bien; ajustaré las cuentas por ti. —Se acerca al policía e inopinadamente le suelta un cabezazo en toda la cara. El policía cae al suelo—. ¡A correr!

Mark sale corriendo, jadeante, con la maleta; por detrás se oye el silbato del policía.

—Por aquí, rápido; parece que nos hemos salvado…

Mark, empapado de sudor, sube la escalera de caracol detrás del acordeonista. Panteleimón Panteléievich abre la puerta.

—Niusha, saluda al nuevo inquilino… Es artista.

—Ya has vuelto a emborracharte —dice Niusha, que aparece con un chal de flores echado por encima del camisón—; ya has vuelto a atiborrarte de chucrut, cerdo.

—No refunfuñes. Mejor, enséñale su cuarto al nuevo inquilino. Es un artista… Judío.

—¡Enséñale tú el cuarto a tu judío, idiota! —Y se marcha.

—Niusha —dice Panteleimón Panteléievich—, ¿Dios está contigo o no está contigo? ¡Ah, mujeres, destructoras del hogar! —Mientras pronuncia su monólogo, Panteleimón Panteléievich le enseña a Mark su mitad de la buhardilla, que está separada de la parte de los patronos por una simple cortina—. Hay sitio de sobra —le explica—; puedes dibujar, puedes bailar… La cama es blanda, y son solo cuatro rublos al mes… Y ahora la señal: un rublo…

Después de coger el rublo, el patrono le desea buenas noches y se marcha. Mark se acuesta, observa las tablas del techo abuhardillado, que enseguida se separan, mostrando el cielo azul sobre su cabeza. Se oye el rumor de unas alas.

—Es un ángel —dice en voz baja Mark, que es incapaz de apartar los ojos de la luz cegadora—. Ángel, déjame que te vea.

—Atención —susurra el ángel—; solo vas a poder verme un momento. ¿Me ves?

—Sí…

El azul, atravesado por el oro, asciende hacia las alturas… Vuelve a estar todo a oscuras. Mark abre los ojos. Tiene sobre la cabeza el armazón del techo. Al otro lado de la cortina, la voz masculina y la voz femenina no paran de discutir.

—Lárgate… Te has atiborrado a chucrut y me estás molestando…

—Niusha, me siento ofendido en mis sentimientos de legítimo esposo.

—¡Déjame en paz, degenerado!

Se oye la riña, el ruido de la tela al romperse, la respiración fatigosa, los resoplidos. A esos sonidos se les suma después el chirrido de la cama… Una gélida luna brilla a través de la ventana de la buhardilla. Mark intenta taparse los oídos. No le sirve de nada. Por fin cesa el chirrido del catre y más allá de la cortina se oyen unos estruendosos ronquidos de hombre, acompañados de un discreto llanto femenino. Solo de madrugada Mark consigue conciliar el sueño.

Aminodav y Zusia marchaban en la telega.

—¿Quién es ese serbio tuyo con cabeza de judío? —bromeó Zusia—. Sí que hemos ganado mucho con él. Apenas nos ha dado para cubrir gastos.

—Perdona que te lo diga, Zusia, pero eres el típico fracasado, eres un holgazán —dijo Aminodav—. Mientras tú te dedicabas a pindonguear, yendo de taberna en taberna, yo estaba atareado con el señor Simić, y me he enterado de una cosa.

—¿De qué te has enterado? —dijo Zusia con sorna.

—Me he enterado de que el Imperio austriaco no puede alimentarse solo. Hay que proporcionarle trigo.

—Y ¿quién va a alimentarlo?

—Yo.

—¿Tú? Y ¿cómo es que no se lo has comunicado al emperador austriaco?

—Cuando sea millonario, ya veremos quién se ríe. A ver, Zusia, dime: ¿de dónde va a sacar Austria el trigo? La importación de trigo desde Hungría es insignificante. Anda, Zusia, dime: ¿de dónde va a sacar Austria el trigo?

—No sé, Aminodav. Yo en estas cosas, y que me perdonen los austriacos, no es que haya pensado mucho —dijo Zusia.

—Pues yo sí he pensado —dijo Aminodav—. ¿En Francia? Tendría gracia. ¿En Alemania? Por favor. ¿En España? No, únicamente en Rusia; por descontado, en condiciones ventajosas para ambas partes. Trigo barato a cambio de caucho y vidrio baratos. —Aminodav, cada vez más inspirado, sacó unos papeles del bolsillo—. Aquí tengo unas cifras. Fíjate en los porcentajes de producción de caucho y vidrio en 1897 y en 1902…

—Perdona, Aminodav, pero de todos modos yo no sé nada de esas cosas; pero lo que sí sé es que no tenemos dónde pasar la noche. Mientras no te hagas millonario, no tendremos dinero para pagar un hotel, así que habrá que buscar una posada de pueblo. Ya está anocheciendo, y los gendarmes austriacos no van a dejarnos atravesar el puente.

Llegaron a una posada, cenaron y se fueron a la cama, pero no pudieron conciliar el sueño. Fue apagar la palmatoria y empezar a rascarse. Volvieron a encender la vela y, mientras buscaban pulgas y chinches, Aminodav trató de alargar el relato de sus planes financieros y empresariales. Zusia, sin embargo, dijo:

—¿Qué tal si vamos a una taberna y nos tomamos unos *flaki*[44] polacos? Me apetecen unos *flaki* polacos. Te diré, Aminodav, que te has perdido muchas cosas con esos planes tuyos; no viniste conmigo cuando te llamé. En Cracovia he descubierto la taberna U Stanczyk. Uf, ya te digo, qué *flaki*… Bañan las tripas en un caldo previamente colado… Zanahoria, perejil, cebolla cortada muy fina. Doran las verduras en manteca, cortan la tripa en tiras finas, la introducen en la salsa… La mezcla y la sopa tienen que tener la misma consistencia… Naturalmente, lleva pimienta, nuez moscada, queso rayado…

—Venga, vamos a la taberna —dijo Aminodav.

Llegaron a la taberna, pidieron unos *flaki*. Mientras esperaban, Aminodav volvió a tratar de exponer sus proyectos, y Zusia se acordó de pronto de que en Cracovia había tomado cuello de oca relleno.

—Si alguna vez voy al paraíso, le pediré al ángel que, hasta la segunda venida, me permitan alimentarme únicamente de cuello de oca relleno… Trocean carne de ternera e hígado de oca junto con pan bañado en leche, lo mezclan con yemas de huevo y con unas setas cortadas en láminas muy finas…

Había mucho ruido en la taberna, unos gañanes polacos borrachos se lo estaban pasando en grande; por lo visto, se celebraba una boda. Incluso se desató una riña entre ellos, empezaron a tirarse de los pelos, a uno le sangraba la nariz; no obstante, al ver a los dos judíos, rápidamente hicieron las paces.

—Fíjate —dijo el que había notado que le sangraba la nariz—, han venido unos judíos.

44. Sopa de callos, típica de la cocina polaca.

—Vaya, *psiakrew*,[45] ¡qué cómodos se han puesto esos infieles!

—¡Eh, tú, espíritu impuro, judío, piérdete de mi vista! —dijo un tercero y, arrojando un hueso roído, acertó en la frente de Zusia.

Todo el grupo se desternillaba de risa.

—Espera, vas a ver cómo le doy ahora con esto —dijo el segundo, que lanzó un huevo y volvió a alcanzar a Zusia.

—Todo el rato me están dando a mí porque soy el que está más cerca de ellos —dijo Zusia.

—Tú has sido el que ha propuesto venir aquí a tomar *flaki* polacos —dijo Aminodav.

—¡Al diablo esos *flaki*! Vamos a alejarnos de esos malditos *goyim*.

—¿Cómo quieres que nos vayamos si ya hemos pagado por la cerveza y los *flaki*? —dijo Zusia—. Nos bebemos la cerveza, nos tomamos los *flaki*, y entonces nos vamos. *Pan kelner*[46] —se dirigió a un camarero que pasó por su lado—, ¿por qué no nos trae la cerveza y los *flaki*? Ya están pagados.

—¡Ten paciencia, judas del diablo! —dijo el camarero.

—*Oy, azohen vey*[47] —dijo uno de los gañanes, enfadado—. ¿Adónde vas tan deprisa, Yánkel?[48] ¿Qué tienes que hacer? Tribu maldita. ¿Estás buscando a alguien para robarle o para engañarlo? Prueba, judío, este regalo cristiano… —Arrojó un trozo de manzana y volvió a darle a Zusia.

—Vamos a intercambiar nuestros sitios —le dijo Zusia a Aminodav mientras se limpiaba y se sentó detrás de este.

—¿Por qué se lo tiras todo al que está delante? —dijo el segundo gañán—. El otro perro también tiene que llevarse alguna cosa. —Arrojó un trozo de tomate en salmuera y una vez más le cayó a Zusia.

—Ya lo ves, Zusia —dijo Aminodav—, todo ha sido predeterminado por Dios. Salgamos de aquí antes de que sea tarde, no vayamos a poner a prueba la paciencia divina.

---

45. «Maldición», en polaco (literalmente: «sangre de perro»).
46. «Camarero», en polaco (literalmente: «señor camarero»).
47. Expresión de lamento y decepción en *yiddish*.
48. Forma hipocorística de Yánkev, equivalente en *yiddish* del español Jacobo; así se llama un personaje judío de la novela *Tarás Bulba* (1835) de Nikolái Vasílievich Gógol (1809-1852).

—¡Habría que colgar a toda la judería! —dijo un *pan*[49] canoso que no había intervenido hasta entonces—. ¡Ay, *matka boska!*[50] Fijaos, *panowie,*[51] en esas caras lamentables… ¡Ay, paganos! Crucificaron al mismo Cristo, gente maldita por Dios… Eh —se dirigió a un pinche joven que pasaba por allí con el cubo de haber fregado la cocina—, aquí tienes un *złoty*; échales el agua por encima a esos dos judíos.

—Muy respetable pan —dijo el camarero—, mi cometido consiste en servir a los clientes. —Y, quitándole el *złoty* al pinche, le cogió el cubo con las lavazas, se acercó a Zusia y Aminodav y les dijo entre risas—: Aquí tenéis la cerveza y los callos. Bebed y comed, Shlioma y Shmul.[52]

Y acto seguido bañó con las lavazas a Zusia y Aminodav.

Estos, empapados, se levantaron de un salto, abandonaron corriendo la taberna y se dirigieron a toda prisa a la posada, temblando de frío.

Por la mañana, cansados e irritados, Zusia y Aminodav siguieron su camino. Aparecieron en un campo nevado.

—Hay que guardar en la memoria este maldito pueblo —dijo Aminodav—; ¿cómo se llama?

Se acercaron a un poste donde había un cártel con el nombre. Lo leyeron, marcando las sílabas: Oświęcim.[53]

A la caída de la tarde Mark estaba sentado junto al turbio cristal de la ventana en su única silla delante del caballete, rozando de vez en cuando el lienzo con el pincel. Se oyeron unos tímidos golpes. Como no había puerta, y no era posible golpear en la cortina, la patrona había golpeado en la pared.

—Adelante —dijo Mark, sin apartarse del lienzo.

—Mark Zajárovich —dijo la patrona al entrar—, disculpe por la tardanza. Venía a cambiarle las sábanas.

49. «Señor», en polaco.
50. «Madre de Dios», en polaco.
51. «Señores», en polaco.
52. Shlioma y Shmul son dos personajes judíos que aparecen fugazmente en *Tarás Bulba.*
53. Nombre polaco de Auschwitz.

La patrona se puso a trajinar con las sábanas, la cama empezó a chirriar. Mark dejó el pincel y miró a la patrona. Llevaba una bata echada por encima del camisón y un chal sobre los hombros. Los rubios cabellos los tenía recogidos en una gruesa trenza.

—Niusha, ¿estaría dispuesta a posar para mí? —preguntó Mark.

—Huy, qué cosas tiene, Mark Zajárovich, ¿y si se entera mi tirano? A Kolia, el estudiante, le pegó una paliza.

—No me ha entendido usted bien —dijo Mark—; me gustaría dibujarla.

—¿A mí? ¿Dibujarme a mí? —preguntó ella asombrada, si bien se diría que con cierto desencanto en la voz—. Ni que yo fuera guapa.

—Tiene usted un rostro interesante —dijo Mark.

—¿Yo? —Relumbraron los ojos grises de la mujer—. Qué cosas dice, Mark Zajárovich, yo soy una mujer de lo más vulgar. —Se acercó hacia él—. ¿Qué es esto? —preguntó, señalando el lienzo.

—Una mujer desnuda —dijo Mark.

—Y esto ¿qué son? ¿Los pechos? Y esto… Huy, ¿cómo es posible? Eso es pecado. —Se ruborizó.

—No hay pecado en el arte —dijo Mark—, igual que no había pecado en el paraíso. Adán y Eva iban desnudos, hasta que el diablo los tentó.

—¡Qué bien habla usted, Mark Zajárovich! —dijo Niusha—. El estudiante Kolia también hablaba bien, pero lo suyo sonaba a cosa leída, y a usted le sale del corazón. —Se sentó en la cama—. Huy, no me sostienen las piernas, habla usted como un sabio. —La cama chirrió bajo el peso del cuerpo de Niusha—. Es tan triste esta vida, Mark Zajárovich, bien lo sabe usted; siento un deseo, pero no sabría decir de qué.

—Eso, Niusha, es lo que en arte se conoce como la erótica de la tristeza y el dolor —dijo Mark.

—¡Huy, qué cosas más bonitas dice usted! —dijo Niusha—. Pero con la cabeza no alcanzo a entenderlas, tendría que ser de otra manera. —Sobrevino un silencio incómodo—. No se vaya a creer, Mark Zajárovich, yo no soy ninguna desvergonzada. Si fuera una desvergonzada, iría vestida de seda. Un oficial se ofreció a mantenerme. Un viejo comerciante me prometió que me daría dinero. Yo, Mark Zajárovich, busco la paz del alma y del cuerpo. Pero no encuentro paz. —Se oyeron unos pasos sonoros en la escalera—. ¡Ahí viene mi tirano! Se habrá emborrachado y ahora seguro que no me deja en paz.

Se retiró precipitadamente a su cuarto. Se oían voces al otro lado de la cortina, suaves al principio, después cada vez más fuertes, hasta dejar paso a los gritos; empezó la riña, los resoplidos, la cama rechinó, pero poco tiempo. Se oyó un alarido:

—¡Me has mordido! ¿Muerdes a tu legítimo esposo? ¡Malnacida! ¡Yo te mato!

—¡Me matan! —gritó Niusha, y huyó a la parte de Mark con ojos enloquecidos, sin más prenda que el camisón—. ¡Me matan! ¡Sálveme!

Detrás de ella, también con ojos de loco, irrumpió Panteleimón Panteléievich. Niusha escapó al pasillo y corrió escaleras abajo. Panteleimón Panteléievich la siguió. Se oyeron voces de vecinos:

—¿Qué haces, animal?

—El marido tiene que enseñar a la mujer.

—Hay que llamar a la Policía. La va a matar y acabará en prisión.

—Niusha se queda en mi casa a pasar la noche —dijo una mujer—. Y tú, Panteleimón, vuelve a casa y trata de dormir.

Las voces iban remitiendo, se oyeron los pasos del patrono, que entró y se acercó a Mark con un cuchillo en la mano. Un escalofrío le recorrió la espalda a Mark. Se le encogió el estómago de miedo.

—Señor, Dios mío —dijo el patrono y lanzó con fuerza el cuchillo, el cual se clavó muy hondo, hasta el mango, en el suelo—. Señor, Dios mío —repitió y, cubriéndose el rostro con las manos, se desplomó en la cama—; el caso, artista, es que Niusha y yo nos casamos por amor. Queríamos vivir decentemente… Al principio vivíamos bien, pero la maldita pobreza… Un crío se nos murió de una calentura, yo perdí un buen trabajo, tuvimos que dejar nuestro piso y venirnos a esta buhardilla… Artista, ¿tú crees que esto es vida? ¿Es esta una vida normal? Aquí, en Rusia, no solo vosotros, los judíos, sino tampoco nosotros, los rusos, los que vivimos miserablemente y pasando estrecheces, como piojos en costura, tenemos derecho a una vida normal. Señor, Dios mío…

—Panteleimón Pantaléievich —dijo Mark—, le estoy muy agradecido por haberme acogido, pero voy a dejar el cuarto al final de la semana. Le pido mil disculpas, pero he encontrado otro más cerca de la Escuela de Pintura.

—Y haces muy bien en irte, artista. Yo mismo me iría de aquí, pero no tengo adónde. Todo lo más, a la tumba. —Se levantó—. Esta buhardilla, artista, no es un buen sitio para vivir, pero sí para morir. Aquí hay muchas vigas. Se ata una cuerda, y listo. —Sonrió con amargura y salió.

En un pequeño cuarto, Mark compartía el catre con un obrero de negros bigotes. El obrero dormía pegado a la pared, y Mark le daba la espalda, ocupando el borde del catre, al pie de un ventanillo. Reinaba el silencio, la luz de la luna iluminaba el caballete con un esbozo inacabado: osos, cabras y algunos otros animales. El frescor y la humedad entraban por el ventanillo. Se oía el batir de las olas. El mar susurraba y chapoteaba. Muchos niños, entre ellos Zusia, Aminodav, Liza y David, estaban encerrados en una jaula, y el hermano mayor era el pintor alemán Durero. El padre de todos ellos, un orangután con los morros negros y rojos, y un largo *knut*,[54] se paseaba por la orilla del mar, amenazando a todo el mundo con el *knut*.

—Papá —dice Mark—, te pido que dejes salir de la jaula a mi hermano mayor Durero.

El orangután abre la jaula y deja salir a Durero. Durero se quita la ropa. Tiene unas piernas doradas, que recuerdan a unas tijeras. Se zambulle en el mar, echa a nadar, cada vez está más lejos de la orilla. Se desata una tormenta en el mar. Unas olas enormes se precipitan entre la espuma. Todos los niños salen corriendo de las jaulas y gritan desesperados:

—¿Qué ha sido de nuestro pobre hermano Durero?

En el mar, a lo lejos, se divisa una cabeza pequeña. Lo último que se ve es una mano tendida hacia arriba. Lloran los niños.

---

54. Látigo largo de siete colas, empleado frecuentemente en Rusia para los castigos corporales.

—¡Se ha ahogado Durero, nuestro hermano mayor!

Proclama el padre orangután:

—Mi hijo Durero se ha ahogado. Ahora nos queda otro artista: tú, Mark, hijo mío.

Suena un golpe y un timbrazo. Las tinieblas descienden de los cielos. Alguien llama al timbre y golpea la puerta. Mark se gira hacia el otro costado. El obrero de negros bigotes se despierta y se dirige de puntillas a la puerta, descalzo, atravesando en calzones la oscuridad.

—¿Quién es? —pregunta.

—Busco a Mark Shagal.

—¿Quién lo busca?

—Soy su padre, he venido a verlo.

El obrero abre la puerta.

—Más bajo. —Se lleva un dedo a los labios—. Mark se quedó dibujando hasta tarde; ahora está dormido y ha pedido que no se le despierte.

El padre entra sin hacer ruido, deja la maleta en un rincón.

—¡Ay, qué flaco está este hijo mío! —se lamenta Zajaria.

—Stepán Ivánovich —dice el obrero, susurrando.

—Zajari[55] Iónych —responde el padre, susurrando.

—¿Le apetece tomar algo después del viaje? Iba a poner una tetera.

El padre se quitó el abrigo, se sentó a la mesa, sacó un paquete de *matsá*.

—Yo tengo huevos pintados —dijo Stepán en voz baja.

—No, verá, muchas gracias, discúlpeme, pero no como huevos cristianos.

—Zajari Iónovych, yo se los limpio, y vuelven a ser unos huevos corrientes. —Stepán coge la *matsá*—. Un pan judío delicioso —dice, probándolo—. Me lo voy a comer con tocino.

Zajaria cierra los ojos para no ver cómo Stepán se come la *matsá* con tocino. Mark abre los ojos, pero el sueño continúa. A la mesa está sentado su padre, Zajaria —aunque es verdad que ya no tiene forma de orangután—, desayunando *matsá* en compañía de Stepán.

55. Zajari es una variante, algo más coloquial, del nombre propio Zajaria.

—Por fin te despiertas —dice Stepán—; levántate, ha venido tu padre.

—¡Papá! —exclama Mark. Padre e hijo se abrazan.

—No quiero molestarles —dice Stepán con delicadeza—; además, ya es hora de que me vaya a trabajar.

Acaba de vestirse y se marcha.

Mark y su padre están sentados a la mesa.

—Me he cogido unos días libres para venir a ver cómo te va. ¿No te arrepientes de haberte marchado de casa? Me imagino que lo estarás pasando mal, has adelgazado. Te echo de menos, y mamá, todos los días, cuando se despierta, no hace más que hablar de ti.

—Necesitaba ver otro mundo, papá. Si me hubiera quedado en Vítebsk, me habría cubierto de herrumbre o de moho.

—¿Eso es lo que estás dibujando?

—Sí, es un estudio mío. ¿Te gusta, papá?

—Bueno… —El padre se queda pensativo—. ¿Te pagan por esto?

—Todavía no, pero confío en que me pagarán.

—Vaya… —El padre vuelve a quedarse pensativo—. Y ¿de qué vives?

—Hay judíos ricos que me ayudan. Ahora me está ayudando el barón Ginsburg.

—¡Oh, te ayuda un barón! Eso es un gran honor. ¿Cuánto te paga?

—Diez rublos al mes.

—Pagar ese dinero así como así… Yo por quince rublos me paso todo el día levantando barriles de arenques.

—El barón Ginsburg tampoco quiere estar demasiado tiempo pagando por nada. La última vez que fui a recoger mis diez rublos, un portero de gala me dijo: «Es la última vez».

—Y ¿qué vas a hacer?

—Diré: «Adiós, barón Ginsburg»; «Hola, barón Herzenstein».

—Sí —suspira el padre—; a lo mejor está bien que te ayuden esos barones judíos, pero te lo digo con toda sinceridad: a mí esta clase de vida no me gusta. En nuestra familia nadie ha dependido de las limosnas ajenas. Eso es lo que nos enseña a los judíos la Torá. Un hombre como es debido, si no está impedido ni enfermo, tiene siempre la obligación de ganarse la vida. ¿No deberías regresar a Vítebsk y pensar en una profesión decente?

—No te enfades, papá —dice Mark—; tú vives como todo el mundo, y que Dios te dé salud. Pero yo no quiero vivir como todo el mundo. Por eso he dejado Vítebsk, papá. Y ojalá le siga yendo bien a esa ciudad con sus arenques.

—Muy bien, vive como sabes, y que Dios te ayude.

Una soleada mañana en San Petersburgo. Los vendedores de periódicos gritan las últimas noticias:

—¡Drama sangriento en la vivienda de un revisor de tranvía! ¡El hijo de diecinueve años mata de un estacazo a su hermano pequeño y acaba con la abuela para robar una suma de dinero!… ¡El caso Brodski! Durante un pogromo en Tiraspol el judío Brodski mata a dos cristianos… Moscú. Unos criados azotan a la señora Zunk, que les debía cinco rublos… Llegada del *Erzherzog*[56] de Austria a San Petersburgo por la Estación del Norte.

Mark, su padre y el obrero Stepán iban montados en un tranvía tirado por caballos.

—Cuando tengo tiempo libre, acompaño a Mark —decía el obrero—; resulta curioso observar otra vida.

—Stepán ha estado en la Escuela conmigo —dijo Mark—; le propusieron que posara como modelo, pero no aceptó.

—Excepto en el baño —dijo Stepán—, es un pecado estar desnudo.

—Sí, sí, es pecado —asintió el padre—; ya ves que Stepán no ha leído la Torá, pero comprende que dibujar a un hombre o a otras criaturas de Dios es pecado. Ándate con ojo, Dios te va a castigar.

—Una vez vi un cuadro en una iglesia —dice Stepán—, *Muerte de un pecador*. Es un cuadro terrible. En un extremo del cuadro, riéndose de los tormentos del pecador, hay un diablo de hocico afilado con barba de chivo.

56. «Archiduque», en alemán en el original.

—De modo que es imposible mostrar el pecado sin un artista —dijo Mark—. Para estigmatizar el pecado, hay que pecar.

—Ay, hijo —suspiró el padre—, ese *mishugas*[57] te viene de tu madre, de la familia de Liozno. Siempre procuraban llamar la atención. Uno se encaramó al tejado cuando hacía buen tiempo, se sentó en la chimenea y se puso morado de zanahorias. Y a un tío tuyo no se le ocurrió nada mejor que pasear por las calles del pueblo hecho un andrajoso. Nosotros, los Shagal, nunca hemos vivido así. La Torá nos manda vivir como todos y ser como todos. Y, lo más importante, no pensar en nada fuera de lo normal. En cambio, andar por las calles hecho un andrajoso supone vivir al margen de la ley.

—La gente va por ahí en paños menores cuando no hay un patrón —dijo Stepán—. El hombre necesita tener un patrón. En el cielo está el patrón principal, y en la tierra tampoco podemos pasarnos sin un patrón. En mi fábrica hay un cerrajero, Mirónov, que está todo el tiempo agitando para echar al patrón. Y yo le digo: ya puede ser bueno o ser malo el patrón, pero el caso es que el hombre que no tiene patrón está huérfano, y puedes hacer con él lo que te dé la gana.

El tranvía se detuvo en un cruce.

—Han cortado el paso —dijo el revisor.

Había cordones policiales alineados a lo largo de la calle, los cosacos alardeaban sobre sus caballos.

—Van a recibir al *Erzherzog* austriaco —dijo alguien.

—Con tal de no llegar tarde —dijo Mark— a casa del señor Herzenstein. Me ordenaron estar allí antes de las diez.

Mientras se abrían paso a través de la compacta multitud, a Mark le pareció ver a Aminodav, con levita y bastón, en el borde de la acera, charlando con unos señores. Pero en ese momento hubo un revuelo en la multitud, y Aminodav desapareció.

—Alejémonos de aquí cuanto antes; vamos por esas callejuelas —dijo Mark.

Efectivamente, al borde de la acera estaba Aminodav con un bastón.

—Nosotros, los serbios, siempre hemos tenido la esperanza de que Rusia liberase los Balcanes de los yugos turco y austriaco

57. «Locura, extravagancia», en *yiddish* en el original.

—dijo un caballero con bombín—; pero Rusia actúa con nosotros como un cazador con su perro. Primero nos lanza contra los turcos y los austriacos, y luego se queda con la presa.

—Señor Simić —dijo Aminodav—, los Balcanes no pueden ser liberados con tropas, sino con créditos bancarios.

Se oían vítores. Los gendarmes galopaban por delante del carruaje.

Mark, su padre y el obrero Stepán llegaron a una gran mansión. Había una larga cola de personas junto a la entrada, adornada con mármoles.

—¿Toda esta gente ha venido a pedir dinero al señor Herzenstein? —preguntó el padre.

—No sé —dijo Mark, desconcertado—; parece extraño, aunque el señor Herzenstein es un hombre muy rico.

—En mi opinión, él también es un *meshugener* —dijo el padre—; a quién se le ocurre mantener a tanta gente ociosa.

—¿Qué se les ofrece? —preguntó un hombre vestido de negro.

—Venimos a ver al señor Herzenstein —dijo Mark.

—Pónganse a la cola —dijo el hombre.

La cola avanzaba despacio. Por fin entraron en un lujoso vestíbulo donde colgaba un enorme retrato de Herzenstein, engalanado de flores, y sentados a una mesita había algunos señores vestidos de negro. Delante de ellos había un libro abierto, que parecía un libro de cuentas.

—Firmen aquí —dijo uno de aquellos señores que estaban sentados a la mesa. Mark estampó su firma—. Pasen.

—Y ¿qué hay del dinero?

—¿Qué dinero? ¿A qué se refiere?

—Soy artista… El señor Herzenstein me prometió su apoyo material.

—¿Cómo puede hablar de eso en estos momentos? —dijo el señor con irritación—. ¿Acaso no sabe que han asesinado a Mijaíl Yákovlevich?

—No… no he oído nada. No he leído la prensa más reciente.

—Pues no es ninguna novedad —dijo una señora—. Lo mataron hace tres días en Finlandia.

—Firmen en el libro de condolencias y sigan adelante —dijo con frialdad el señor.

Despacio, como persona poco letrada que era, el obrero Stepán firmó y se persignó… Zajaria dio todo por perdido. Salieron por una puerta trasera. Allí había un gran gentío, podían oírse diálogos vehementes.

—Estoy convencido, señores, de que el asesino tenía comprado a su guardaespaldas —decía un estudiante.

—A esos delincuentes y mendigos los acomodaban en un dormitorio común, y les proporcionaban prendas de abrigo y bombines que luego vendían en Lígovka.[58]

—El señor Herzenstein se había ganado el odio de los elementos derechistas a raíz de su intervención en la Duma Estatal[59] a propósito de la cuestión agraria.

—¡Disuélvanse, señores! —gritaba el jefe de policía—. Las manifestaciones públicas están prohibidas.

Cerca de allí había un grupo de gente portando estandartes con retratos del zar y la zarina.

—¡Ha triunfado la justicia! —gritaban—. ¡Perdón para los héroes que han acabado con el enemigo judío!

—¡Que los hebreos se marchen a Palestina! —gritaba una señora—. No hay que admitirlos en nuestras escuelas.

—La unión de los nacionalistas rusos —proclamaba un hombre con aire de catedrático— exige la supresión de la enseñanza del Antiguo Testamento en las instituciones académicas. Aquellos que admiten los vínculos entre cristianos y judíos son ellos mismos judíos.

—Disuélvanse, señores —gritaba la policía—, ¡no armen escándalo!

—Este es un mundo de locos —dijo Zajaria—. Y ¿tú quieres quedarte aquí?

—Puede que, a pesar de todo, consiga sacarle dinero a otro diputado judío, el señor Vinaver; por ahora no lo han matado… O a algún otro. Quiero viajar a París.

58. Denominación popular del Lígovski Prospekt, una de las avenidas de San Petersburgo.
59. Cámara legislativa, parcialmente democrática, que funcionó en el Imperio Ruso entre 1906 y 1917.

—Si no se tiene fe en el Dios normal y en la gente normal —dijo Stepán—, seguramente es preferible irse lo más lejos posible, donde todo sea distinto.

El estudio de Bakst.[60] Los alumnos, como de costumbre, aguardaban junto a sus caballetes la llegada del maestro. En un lugar elevado, la modelo, culigorda, de piernas sonrosadas, medio desnuda, con una corona de sacerdotisa griega y una sábana echada sobre los hombros, fumaba y bebía vino sentada una silla.

—Hoy es viernes —dice la muchacha cuyo caballete está pegado al de Mark—; los viernes Lev Samóilovich suele revisar los trabajos. Estoy tan nerviosa… Ayer le mostré mi estudio a mi padre, y no le gustó nada. Hasta se enfadó conmigo. La verdad es que lo de dedicarse al arte le parece un pecado tremendo.

—Qué coincidencia, mi padre es de la misma opinión —dice Mark.

—Y ¿quién es su padre?

—Mi padre es Zajaria Shagal, es cargador en un almacén de arenques.

—Pues mi padre es Lev Tolstói —dice la muchacha.

Un joven cuyo caballete está cerca de los suyos se sonríe:

—Los dos tenéis padres conservadores, pero vuestros dibujos son muy atrevidos.

—El atrevimiento, precisamente, no es algo que apruebe Lev Samóilovich —dice la muchacha—. Dice que el atrevimiento es una moda. ¡Ay, estoy muy nerviosa! Tú, Vatsa,[61] ya eres alguien conocido, eres solista del *ballet* del Teatro Imperial; para ti es más fácil.

—Un solista al que han despedido por culpa de sus vestidos pintados —dice Vatsa con una sonrisa.

—Pero tienes un nombre en París; yo, en cambio, ¿quién soy? Nada más que la hija de Lev Tolstói. Créanme, caballeros, tener de padre a un simple cargador es mucho mejor para quien quiere destacar de forma independiente.

60. Lev Samóilovich Bakst (nombre artístico de Leib-Jaim Izráilevich Rosenberg, 1866-1924), pintor y diseñador escenográfico ruso.
61. Forma hipocorística del nombre propio Vátslav.

—Viene el señor Bakst —dice un ayudante—. Usted también —se dirige a la modelo— deje de fumar y ocupe su puesto.

La modelo apaga el cigarrillo, se sube a un pedestal y se despoja de la sábana. Tiene un cuerpo redondo y sonrosado, grandes pechos, ojos azules y saltones. Mark aparta sin querer la mirada.

Entra Bakst. Saluda. Lleva un traje de corte inglés, unos ricillos pelirrojos le asoman por detrás de las orejas.

—Hoy es viernes —sonríe Bakst—, y los viernes toca revisión. ¿De quién es esto?

—Mío —dice Vatsa.

Bakst lo observa con concentración.

—Usted, Nizhinski,[62] conserva el aire infantil en el dibujo. Eso está bien. El aire infantil es una cualidad que el arte contemporáneo se ha apresurado a perder. Es la autenticidad del movimiento y una luz pura e intensa. La autenticidad del dibujo infantil es algo que envidian en secreto los pintores adultos, entre ellos yo. Lo más importante es evitar la inclinación al así llamado buen gusto, a los *buenos cuadros*. Parece cosa de risa, pero al menos dos tercios de los cuadros de los artistas no tienen la menor relación con su corazón ni con su imaginación, sino que han sido dictados por consideraciones intelectuales. Aquí, por ejemplo… ¿De quién es este estudio?

—Mío —dice tímidamente Shagal.

—Ya me lo suponía. Señores, vamos a comparar el estudio de Shagal con el estudio de Nizhinski. Los movimientos son los propios de los dibujos de un niño pequeño, ¿no es verdad? El caballo corre, la niña se columpia, el oso brama, el humo sale de la casa, el aeroplano se sostiene en el aire. En Nizhinski todo se mueve, vive, respira. En Shagal las posturas son yertas, rígidas. Aunque las proporciones sean más verídicas, todo parece más seco, todo resulta mortecino, frío y correcto. —Mark no dice nada, solo las comisuras de los labios le tiemblan nerviosamente. Todos lo miran con compasión—. Luego está el color —dice Bakst—. Es bien conocida la afición de los niños a los colores puros e intensos. En los dibujos infantiles no se encuentran colores tan sucios y deslucidos como los de Shagal. Fíjense bien en este color violeta.

---

62. Vátslav Fomich Nizhinski (más conocido como Vaslav Nijinsky, 1889-1950), célebre bailarín y coreógrafo ruso.

—Le… Lev Samóilovich —balbucea Mark—, ¿por qué considera que mi color violeta es sucio? A mí me gusta usar el violeta.

—Porque el violeta —dice Bakst— es el color de la neurastenia. Sus colores, Shagal, pueden causar un ataque a una persona con un sistema nervioso inestable. Porque estos colores son propios de quejicas anémicos, de hipocondríacos enervados. De ahí que sean tan brumosos, deslucidos, desvaídos.

—Lev Samóilovich —dice Mark—, sé que los pintores del Mundo del Arte,[63] al que usted pertenece, consideran que Cézanne, Manet, Monet o Matisse no son más que los promotores de una moda pasajera.

—No es una cuestión de modas, Shagal: allí donde hay arte siempre está la moda. La moda es la reina. Se trata, señores, de distinguir lo que hay de pasajero en una moda y lo que supone realmente un nuevo tono. A usted, Shagal, le gusta el color violeta, porque excita su imaginación. Lo considera una novedad, pero pasa el tiempo y, para su desconcierto, descubre usted a numerosas damas con vestidos de color violeta y gran cantidad de cuadros en tonos violetas. Solo la sencillez y la claridad de las formas desafían a la moda. Nuestro gusto, nuestra moda, señores, lenta, pero tenazmente, con más fuerza cada año, nos devuelven a la senda creativa de la antigüedad.

—Pero ¿es posible, Lev Samóilovich —dice Shagal—, volver en el mundo presente al arte de Fidias y a las formas de Praxíteles? ¿No se tratará de esteticismo y de amaneramiento mundano? ¿De imitaciones nacional-etnográficas como las que preconiza el crítico Stásov?[64]

—No se trata, evidentemente, de volver al arte de Fidias —dice Bakst—. En general, cualquier regreso a lo antiguo significa en primer lugar una elección. Nadie puede obligarme a creer que es necesario, por ejemplo, conservar el sucio Puente del Palacio de madera solo porque en los grabados de San Petersburgo del siglo pasado siempre aparecía esta construcción primitiva y es una pena retirar de ese punto de la ciudad esa curiosidad histórica. Para curio-

63. Grupo artístico de orientación antipositivista que contribuyó a la renovación del arte ruso a finales del siglo XIX y comienzos del XX.
64. Vladímir Vasílievich Stásov (1824-1906), crítico e historiador del arte ruso.

sidad histórica, bastante tenemos ya con esa que acaban de construir en Moscú que es el templo de Cristo Salvador, un edificio vulgar, sin gusto, que no responde en absoluto a su concepción arquitectónica originaria, echada a perder por Alejandro III.[65] La vulgaridad en el arte no es lo mismo que la sencillez, ya sea en la pintura, en la escultura o en la arquitectura. No busquen en la actual chabacanería burda y menestral correspondencias con el pasado. No busquen consuelo artístico en las mordaces miniaturas de Brueghel, en la rotundidad de Rodin. La mayoría de los cuadros modernos no consiguen convencer al observador de la validez de la invención, representada con medios impropios, con esos ojos inusitadamente desmesurados, esos óvalos de los héroes y las heroínas con forma de huevo, esos torsos deshuesados que alcanzan la categoría de monstruos anatómicamente inconcebibles. Nada de esto ha sido creado por el ojo, sino por el cerebro, cuando no por el compás del artista, y el propio carácter de semejante invención es hostil a su materialización plástica en la pintura, la escultura o la arquitectura.

—Lev Samóilovich —dijo Mark—, si no he entendido mal, tendría que borrar todo mi pasado. Soy incapaz de hacer eso. Si no estoy capacitado para aprender con usted, lo más probable es que no esté capacitado para aprender con nadie. En la academia de Stieglitz no me aceptaron por ser judío, en otra escuela sencillamente me aburría. Lev Samóilovich, confiaba en usted, confiaba en que usted me comprendería. Que comprendería por qué estoy pálido, por qué balbuceo y hasta por qué utilizo el color violeta…

—¿No le parece, Shagal, que este auditorio no es el lugar más adecuado para semejante conversación?

—Es posible, Lev Samóliovich —dijo Shagal, retorciendo nerviosamente sus esbozos—, pero no estoy muy seguro de que volvamos a vernos nunca más. Después de una conversación como esta no tengo más remedio que abandonar la escuela. Y no por casualidad. Tampoco es casualidad que yo fuese un mal estudiante en

65. La catedral ortodoxa del Cristo Salvador de Moscú fue consagrada en 1883, coincidiendo con la coronación del emperador Alejandro III (1881-1894), tras más de cuarenta años de construcción en los que el proyecto arquitectónico original se vio sometido a múltiples modificaciones. El templo fue demolido en 1931, para ser reconstruido entre 1995 y 2000.

el Gimnasio. Seguramente, no entiendo lo que me enseñan. Menos mal que el instinto acude en mi ayuda en ocasiones.

—El instinto es importante para un artista —dijo Bakst—, pero el instinto nos puede llevar a la torpeza, a la vulgaridad agresiva y a la inautenticidad más fatal. Como en este estudio suyo, por ejemplo. Sé que a usted no le gustan las formas antiguas, pero aun así no es posible considerar que la única base de la autenticidad en el arte es el odio a las formas antiguas. En usted, Shagal, se advierte una victoria casi completa del paisaje sobre el hombre… Está usted intoxicado por el veneno de la negación… Aquí, por ejemplo, y aquí… —Cogió el tercer esbozo, lo observó y de pronto se quedó callado—. Hummm… sí —dijo por fin, después de una larga pausa—; confieso que esto no está mal. Sí, sí, aquí hay talento. Pero a usted le han echado a perder, le han encaminado por una senda equivocada… Le han echado a perder… En sus obras, el hombre es, en el mejor de los casos, una figura episódica. Uno de tantos elementos, y en su caso sale malparado. Todos sus esfuerzos están orientados hacia los objetos.

—Todos mis esfuerzos están orientados hacia la conquista de la luz y del sol —dijo Mark.

—Su luz y su sol iluminan un mundo deshabitado. Eso le viene a usted de los impresionistas. Ha confiado usted demasiado en los impresionistas. Monet, Pissarro, Cézanne han despoblado por completo sus lienzos. El espectador se pasea por el salón entre jardines y bulevares, campos y ríos, hortalizas y frutos, cacerolas y tazas, encontrándose a lo sumo, aquí y allá, con una figura episódica, cobijada debajo de un árbol, bañada por las manchas del sol. —Cogió otro estudio y una vez más lo examinó detenidamente—. Verá, a usted le conviene manifestar su independencia, renegar de su confianza en los impresionistas, y todo irá bien. Este estudio suyo podría colgar incluso de las paredes del taller. A usted, Shagal, le han echado a perder, pero no de un modo irreversible. Tiene usted talento, pero no gusto. El gusto le habría sugerido que el arte en el futuro retomará el culto al cuerpo, al desnudo. Pero ¿a qué clase de desnudo? Al desnudo perfectamente casto de los ejemplos ingleses, donde se esquiva sistemáticamente todo lo que apunte remotamente a la sensualidad. Observen a esa modelo, señores.

Imaginen que, además de ustedes, están pintando a esta modelo artistas de las más diversas tendencias: Velázquez, Hals, Rembrandt, de las escuelas idealistas, y Matisse, Gauguin, Maurice Denis, entre los que se afanan por buscar entre los mitos de los salvajes, en la pureza descarada de la desnudez primitiva, nuevas formas convencionales. Imagínense, señores, que este cuerpo —señaló a la modelo— es una estatua antigua en un museo, a pesar de lo cual puede adoptar diferentes poses plásticas, atrayendo nuestra atención mediante la belleza de la línea artísticamente curvilínea de la desnudez humana… Condesa Tolstaia, muestre su estudio… Sí, no está mal, hay cierta alusión a los sentimientos, pero ¿dónde está la diferencia entre su representación y el cuerpo vivo? —Se acercó a la modelo y la tocó con el puntero—. La timidez, condesa, eso es lo que le impide sentir la belleza del cuerpo. La timidez como reflejo de un esteticismo avergonzado…

—Tampoco hace falta pincharme con el palo —dijo de pronto la modelo.

—¿Qué pasa? —se sorprendió Bakst.

—¿Cómo que qué pasa? —exclamó la modelo, nerviosa—. No me han contratado para pincharme con un palo… A lo mejor yo también habría podido ser artista o pintora si en el arte ruso no hubiera judíos por todas partes.

—¿Tú qué dices? —exclamó un auxiliar—. ¿Has bebido?

—Es una vergüenza —afirmó la modelo, temblando nerviosamente—. Tengo un hermano que es pintor, un pintor ruso; tenía esperanzas de alcanzar un premio de la Academia… Pero esos malnacidos están por todas partes… Están instalados en el Comité de las Artes… Tiran bombas… Quieren matar a nuestro soberano.

—¡Lleváosla, le ha entrado un ataque de histeria! —exclamó Bakst, asustado.

—¡Condenados judíos! —gritaba la modelo entre sollozos histéricos, mientras se la llevaban dos auxiliares.

—Señores —dijo Bakst, desconcertado—, por causas… por causas evidentes para todos ustedes, se aplazan las restantes revisiones… Ha terminado la lección por hoy. Además —echó un vistazo a su reloj de bolsillo—, ya es hora de que me traslade a la sala teatral.

Había un ensayo en la sala teatral. Un cartel colgaba sobre el escenario: HISTORIA DE APOLONIO, REY DE TIRO.

—Vivía una vez el rey Antíoco en el reino de Antioquía —contaba uno que iba vestido como un oráculo de la antigua Grecia—. Este rey tenía una única hija, una muchacha de una belleza fuera de lo común. La naturaleza la había creado perfecta en todos los aspectos, salvo por haberla creado mortal. Mientras el rey consideraba a cuál de entre sus pretendientes debía dar preferencia, cayó bajo el influjo de un deseo deshonesto y se inflamó de pasión por su propia hija, amándola de un modo distinto al que es propio de un padre.

—A partir de este punto —le dice Bakst al director— vamos a introducir gradualmente un color amarillo. Además, se van a entremezclar también otros colores, sobre todo el rojo…

En el escenario se ejecuta un *ballet* mientras suena el monólogo del oráculo y el acompañamiento musical.

—Incapaz de seguir soportando la herida de su corazón, un día el rey Antíoco penetra al amanecer en los aposentos de su hija, olvidando que es el padre de la doncella, y quiere convertirse en su cónyuge…

—Se necesitan movimientos libres, convencionalidad teatral —decía Bakst—. Movimientos tomados de las pinturas de los jarrones. Los movimientos propios de una pierna desnuda y descalza. —Volvió la vista, dando una ojeada a los distintos esbozos—. Algo así —le dijo al director—, los pliegues de los vestidos flotando con libertad sobre un cuerpo desnudo. —Bakst levantó los ojos y vio a Mark delante de él en una postura indecisa—. Shagal, ¿desea algo de mí?

—Le… Le… Lev Sa… Samóilovich —balbuceó nervioso Mark—, podría usted… Verá, Le… Lev Sa… Samóilovich, tengo muchas ganas de ir a París.

—Oh, ¿a París? Y ¿qué va a hacer usted allí?

—Le… Lev Sa… Sa… Samóilovich, aquí, en Rusia, en San Petersburgo, ya no tengo nada que aprender.

—Caramba. ¿No tiene nada que aprender?

—Además, Lev Samóilovich, usted va a dejar la Escuela de Pintura como consecuencia de las próximas giras del *ballet* ruso.

—No solo la escuela, también San Petersburgo —dijo Bakst—; me marcho de la ciudad para siempre.

—Lev Samóilovich, eso mismo quiero yo… No sé si para siempre, pero quiero ir a París.

—Entonces, ¿le seduce la perspectiva de desaparecer entre treinta mil artistas llegados a París desde todos los países del mundo? —Y, dirigiéndose al director, gritó—: ¡Más cuerpos libres! ¡Más antigüedad! Los griegos situaron por delante de todas las cosas el hermoso cuerpo humano desnudo… Para los griegos, los héroes, los dioses y las diosas no eran más que un pretexto para la celebración del cuerpo desnudo.

—La tempestad, que se levanta a su alrededor, lo ilumina todo con un resplandor rojo —se oía desde el escenario—; la lluvia que trae Eolo desde las costas lava ya la tierra, previamente barrida por el viento…

De repente Mark advirtió que la modelo que había sufrido en el taller aquel ataque histérico de antisemitismo se había incorporado, vestida, engalanada y maquillada como una sacerdotisa griega, a una fila de sacerdotisas semejantes, confundiéndose por completo con las demás. Una tras otra iban subiendo al escenario una serie de sacerdotisas idénticas.

—El mar, azotado por el viento, desborda sus límites normales. Todo está entremezclado, y las ondas de los astros celestes alcanzan…

—Se echará a perder en París —dijo Bakst, enojado.

—En su opinión, sería preferible que me quedara en Vítebsk y me hiciera fotógrafo —dijo Shagal, en un tono no menos irritado.

—Con respecto a Vítebsk, nada puedo afirmar, pero, por lo que conozco de París, allí no van a comprar sus cuadros. Y esos ricos mecenas judíos, como el abogado Goldberg o el barón Herzenstein, no los va a encontrar en París.

—El barón Herzenstein ya no está en San Petersburgo —dijo Mark.

—Es verdad —dijo Bakst pensativo—. Y usted ¿qué sabe hacer? ¿Quiere ir a París y no sabe hacer nada?

—Lev Samóilovich —dijo Mark—, sé que es usted un hombre inquieto, igual que yo. Pero ¿dónde está el problema? ¿Acaso estoy obligado a quedarme en Rusia? Soy todavía muy joven, pero ya estoy cansado de que aquí me recuerden a cada paso que soy judío. Cada vez que he participado en una muestra de jóvenes artistas, mis cuadros se han expuesto invariablemente en los rincones más oscuros, aunque hayan sido recibidos con elogios. Siguiendo su consejo, Lev Samóilovich, me animé a mandar un par de cuadros a la exposición del Mundo del Arte. Mis cuadros los almacenaban tranquilamente no sé dónde, y en la exposición únicamente participaban artistas rusos, con independencia de si eran buenos o no tan buenos. Y todo porque soy hebreo. Yo no tengo patria.

—Dígame, ¿sabe usted pintar decorados? —preguntó Bakst.

—Por supuesto —dijo Mark.

—Dice usted «por supuesto» con tal convicción que me da la sensación de que no tiene usted ni idea. Bueno, muy bien… Aquí tiene cien francos —sacó el dinero y se lo entregó a Mark—; si se adapta al nuevo trabajo, le llevaré conmigo. En caso contrario, arrégleselas como pueda.

—Gracias por su confianza —dijo Mark, contento.

—En cualquier caso, le aconsejo que se gaste esos cien francos aquí, en San Petersburgo —dijo Bakst.

—Me marcho a París, Lev Samóilovich —dijo Mark—. Quiero frecuentar el Louvre, sobre todo las salas donde están Manet, Delacroix, Courbet, el Veronés. Soy un provinciano de Vítebsk: a pesar de todo, me marcho a París.

El padre y el obrero Stepán acompañaban a Mark a la estación.

—Ándate con ojo —dijo el padre—; ya que te has empeñado en ir a París, ojalá tengas suerte.

—El profeta Elías me ayudará —dijo Mark, abrazando a su padre.

—Me voy a aburrir sin ti, Mark —dijo el obrero Stepán—; cuando tengas ocasión, cuenta en París cómo vivimos aquí. Mucha gente se pierde por culpa de su estupidez. La gente se vuelve perezosa y se acostumbra a llevar una vida de vagabundo.

Sonó la campana de la estación, el revisor hizo uso de su silbato. Europa ya estaba en el vagón: un jefe de tren polaco con guerrera de uniforme hablaba en francés con una pareja entrada en años.

La estación de París estaba empapelada con anuncios de vinos franceses y de productos coloniales. Olía intensamente a gasolina y a café. El expreso San Petersburgo-Varsovia-Berlín-París se aproximaba despacio al andén. De un vagón amarillo claro revestido de madera descendió Aminodav, provisto de un bastón y una maleta chirriante. Lo recibió el serbio Simić, a quien acompañaba un caballero de aire oriental.

—Marko Princip —se presentó el caballero—, miembro de la dirección del Banco Crediticio de Sarajevo.

—Mucho gusto —dijo Aminodav con una sonrisa—, tenía yo en Vítebsk un amigo de la infancia que también se llamaba Mark. Un joven atolondrado, y no lo digo por usted. Era todo fantasía.

Partieron en un coche.

—Ah, señor Schuster —suspiró Marko Princip—, las fantasías peligrosas no son nada raras entre los jóvenes en estos tiempos agitados. Por culpa de esas fantasías mi hermano pequeño Gavrilo[66] está ahora en prisión, y aún no ha podido serenarse. Reclama la guerra sagrada contra Austria, contra Turquía, por la liberación de los Balcanes, por la libertad de Serbia. Anda en tratos con gente sospechosa, y hace poco encontré un revólver cargado en un cajón de su escritorio. Ya no sé qué hacer con él.

—Señor Princip —dijo Aminodav—, si tiene ocasión, presénteme a su hermano. Trataré de explicarle algo y me esforzaré por que me comprenda. Todos podemos exaltarnos. Yo, por ejemplo, no soy una persona belicosa, pero a veces se me va la cabeza, es difícil dominarse. En este terreno, naturalmente, es fundamental tener la cabeza en su sitio, pero un consejo sensato nunca está de más. Lo más importante es ser consciente de que la guerra es una empresa estúpida y costosa. Supone un despilfarro colosal en munición. Se desperdician balas a cientos, pero solo se matan individuos por decenas, los demás salen corriendo.

—Verá, señor Schuster, no está usted demasiado al corriente de los asuntos militares. ¿No ha oído hablar de la ametralladora Maxim? Funciona de un modo muy racional.

66. Gavrilo Princip (1894-1918), joven nacionalista serbio que atentó en Sarajevo el 28 de junio de 1914 contra el archiduque Francisco Fernando, heredero del Imperio Austrohúngaro, acción que acabaría desencadenando el estallido de la Primera Guerra Mundial.

—Es posible que no entienda de asuntos militares, pero sí entiendo de créditos… El crédito es una ocupación muy provechosa, siempre que haya una buena tasa de interés. No, lo único que puede liberar los Balcanes son los créditos bancarios… ¿Adónde nos dirigimos?

—Se va a quedar usted en el hotel Palais Royal —dijo Simić—, es un hotel estupendo. Con unas habitaciones magníficas. ¿Le gusta a usted París?

—Es una ciudad agradable… Pero las calles son demasiado estrechas y los edificios muy altos, poco acogedores, impiden que penetre el sol. En Vítebsk tenemos más sol.

—De noche, sin embargo, es muy alegre —dijo Simić—; hay muchas señoritas, está la ruleta. Además de la cocina francesa.

—Ah, la cocina francesa —Princip frunció el ceño—; desde primera hora de la mañana esos cocineros desaseados ya están preparando su bazofia: basta con ver cómo trabajan para perder el apetito durante una semana. No hay nada mejor que la cocina serbia. Sí, en nuestra Serbia todo está bien, excepto el yugo extranjero. Serbia, ¿cuándo romperás las cadenas de la esclavitud?

—Señor Princip —dijo Aminodav—, por lo que veo, usted también se ha exaltado, como su hermano pequeño Gavrilo. Como decía mi padre, el sastre Schuster: una vez que se hace un nudo, ya no hay quien lo deshaga. Tan solo el crédito, tan solo el crédito bancario puede ayudar a Serbia.

En el angosto pasillo de una casa conocida como la Colmena, donde los pintores pobres tenían sus talleres, se oían parrafadas en distintos idiomas.

—¡Es indignante! —exclamaron en ruso en uno de los talleres—. ¡Estúpida, inútil sentimental! ¿Por qué no has atendido la petición del respetable *monsieur*, sin el cual este chamizo se vendría abajo?

—Es un viejo, Vania —gemía la mujer—; tiene la barba llena de migas.

—La barba llena de migas… —dijo enfadado Vania—. Pues habérselas sacudido… Idiota, había prometido un cheque de doscientos francos.

—Es repugnante —seguía gimiendo la mujer—; es un capitalista, un explotador.

—¿Cómo? ¿Quién te ha enseñado esas palabras?

—Anatoli Vasílievich.

—¿Qué Anatoli Vasílievich?

—Lunacharski.[67]

—¡Lunacharski! ¿Ese reportero marxista con el culo gordo? Ya le enseñaré yo a agitar a mis modelos... ¿Te ha acosado durante vuestras lecciones de marxismo?

—Él... él... —lloraba la mujer.

—¿Qué le pasa? ¿Te has acostado con él, Sonka? Desvergonzada. ¡Vete al diablo! Un hombre decente le ofrece doscientos francos, y ella va y se lía con un miserable charlatán marxista. ¿Qué has visto en él, Sonia?

—No sabes lo bien que habla, Vania. Es muy cariñoso. En cambio, tú, Vania, no haces más que regañarme. —La mujer se echó a llorar como una descosida.

—Vale, vale, Sonia... —Aquel grandullón, con el pelo alborotado, empezó a parpadear—. No se puede hablar contigo. Enseguida te da por hacer pucheros. Sabes que se me están acabando las pinturas, que me hace falta comprar un lienzo... Necesito a toda costa doscientos francos... Yo no soy como ese Shagal, que, si no tiene un lienzo, se pone a pintar en retazos de manteles, toallas y camisas. Yo soy Iván Petujóvich, he ganado el premio Kuindzhi, un premio de la Academia. ¡No estoy acostumbrado a pasar estas estrecheces, maldita sea! La suciedad, el frío... En la caseta de un perro no hace más frío. —Cogió una botella que estaba detrás del bastidor, se sirvió en un vaso sucio y bebió—. ¿Seguro que esto es coñac? Mi individualidad como creador exige otro coñac. Este coñac no se lo bebe ni Jeannette... Estoy acostumbrado al coñac bueno y no estoy acostumbrado a la suciedad... ¿Por qué no barres, Sonia?

—No encuentro la escoba... De todos modos, te voy a dejar, Vania.

67. Anatoli Vasílievich Lunacharski (1875-1933), dramaturgo y crítico de arte marxista. Tras la Revolución de Octubre fue el primer comisario del pueblo de Educación (1917-1929); en 1933 fue designado embajador de la URSS en España, pero falleció antes de ocupar el puesto.

—¿Por quién? ¿Por Lunacharski? ¿Por ese indigente marxista?

—Él, por lo menos, tiene una hamaca, Vania. Yo no puedo dormir en el suelo.

—Bis, bis, bravo… Cambiarme a mí, cambiar al artista ruso Iván Petujóvich, por una hamaca… Eres una fulana, Sonia. Espera un poco, Sonia, ya verás cómo recibo el premio académico, y dejo esta Colmena miserable por un buen taller en Montparnasse… ¿Cómo puede vivir aquí una persona decente? Voces, ruidos. Escucha, ¿están gritando otra vez en casa de los italianos?

—Es en casa de los judíos. Ese que grita es Pasha,[68] el español… Es un hombre muy temperamental.

Sonia deja escapar unas risitas.

—¿Qué Pasha? —se alarma Petujóvich—. ¿Picasso? ¿Ese disparatado pintamonas español? Qué mal gusto tienes, Sonka. Lunacharski, Picasso, Shagal… Me avergüenzo de ti, Sonka.

—Con Shagal no he tenido nada, Vania. En cuanto llega una a limpiar a su taller, se refugia en su cama, detrás de un biombo.

—Y ¿a ti te gustaría que te metiera en la cama con él?

—Es muy tímido —dijo Sonia—, pero tiene unos rizos muy monos. Y es muy lírico. Me ha dicho: «Usted, Sonia, tiene una barbilla encantadora». Tú, en cambio, Vania, siempre me dices que tengo las piernas feas. Voy a dejarte, Vania.

—Difamación, Sonia, pura difamación; todos esos tienen envidia de nuestro amor. Todos esos Lunacharski, Picasso, Shagal… Shagal, por cierto, me debe cinco francos.

—Le ha llegado un paquete de Rusia —dijo Sonia—; vi cómo lo traía de correos.

—¿Un paquete? —preguntó Petujóvich—. Es una noticia interesante. Habrá que exigirle que, si no tiene esos cinco francos, me los pague en especie.

Llamaron a la puerta.

—¿Quién demonios será? —dijo Sonia.

—¡Vuelve mañana! —gritó Petujóvich. Unos morros asnales asomaron por la puerta—. Ah, mi encantadora Jeannettochka, has venido a por coñac, pero qué lista eres. —Una burra, engalanada de

68. Pasha es forma hipocorística del nombre Pável (equivalente en ruso del español Pablo).

flores rojas con marcas grises de quemaduras, entró en el taller—. Jeannettochka, permite que te bese en el cuello y que te ofrezca un platito de coñac. —La burra bebió con avidez—. Y ahora acompáñame a pedirle a Shagal que me pague lo que me debe. Sonia, ven con nosotros, servirás de testigo.

Salieron al pasillo, donde se oían toda clase de sonidos. La gente lloraba, reía, tocaba la guitarra. De la habitación del fondo seguían llegando los temperamentales gritos de Picasso, al que alguien daba réplica en inglés con un marcado acento hebreo.

—Señor Shagal —dijo Petujóvich llamando a una de las puertas—, ¿está usted en casa?

Jeannette se adelantó y abrió la puerta con la cabeza. En el diminuto taller de Shagal había cuadros colgados por todas partes, pintados en retazos de camisas y de manteles. En medio de aquel desorden se veían bastidores, latas vacías de caldo barato, cáscaras de huevo. En los estantes, entre copias de El Greco y de Cézanne, había restos de arenque y algunos trozos de pan. Pero en la mesa se alzaba un apetitoso montoncillo: *matsá* casera y un tarro de confitura de fresa. Sentados a la mesa, Mark Shagal y Lunacharski bebían té suave y comían confitura directamente del tarro.

—Ah, señor Lunacharski —dijo Petujóvich—, me alegro de encontrarle aquí. Le exijo, señor Lunacharski, que deje de utilizar a mi modelo como conejillo de indias de su agitación marxista. ¿Por qué tiene que enseñarle todas esas palabrejas, como *socialismo, capitalismo, explotación* y demás zarandajas?

—Señor Petujóvich —dijo Lunacharski—, esta mujer es una persona libre, pero usted la empuja a la prostitución, utilizándola como mercancía, y se apropia de la plusvalía.

—Así pues, en su opinión, señor Lunacharski, ¿es preferible seducir gratis a una mujer, como hace usted? ¡Es usted un repugnante hipócrita socialista!

—¡Intelectual lumpen! —Lunacharski empezó a agitarse—. ¡Ya llegará el momento en que limpiemos la tierra de gente como usted!

—¡Ah, conque llegará el momento! —apuntó sarcásticamente Petujóvich—. ¿Cuándo llegará? ¿Dentro de tres años? ¿Dentro de diez? A lo mejor se ve usted a sí mismo de diputado, o de procurador general, o de ministro de educación… Pues debería usted dejar de quitar de la boca a este animal de establo los pedazos de pan, señor ministro.

—Señores —dijo Shagal—, ¿cómo pueden dirigirse semejantes ofensas el uno al otro? ¿No les parece contrario a la moral?

—Pues usted, señor Shagal, no ha podido elegir mejor momento para referirse a la moral. Devuélvame los cinco francos que me debe desde hace ya dos semanas.

—Verá —farfulló Shagal—, ahora mismo tengo problemas de dinero. Pero me han prometido comprarme en breve uno de mis cuadros por veinticinco francos.

—Le felicito por ese gran éxito, pero de momento me llevo, a cuenta de la deuda, este tarro de confitura por tres francos. Sigue usted debiéndome dos francos… Vámonos, Jeannette; vámonos, Sonia.

—Vania, yo me quedo con Shagal —dijo Sonia—, aquí hace falta una barrida.

—¡Bah, puedes irte al diablo! Pero ya no vuelvas más. Ya no te dejo entrar, por mucho que insistas. Vámonos, Jeannette.

—Vaya, se ha comido toda la *matsá* —dijo Shagal.

Mientras la gente discutía, la burra había arramblado con todo lo comible que había en la mesa y los estantes.

—Está bien —dijo Petujóvich—, esta cena de Jeannettochka corre de mi cuenta. Doy por cancelada su deuda.

Y se marchó con la burra.

—Me gustaría limpiar su taller —dijo Sonia.

—No hace falta, *madame* —contestó Shagal—. Deje tranquila mi mesa, *madame*. Ay, lástima de confitura y de *matsá*, no voy a tener más remedio que irme a la cama con hambre.

—Señor Shagal —dijo Sonia—, a mí el panadero me fía; ahora mismo voy a traerle unos bollos calientes.

—No hace falta, Sonia —dijo Shagal—, ¿cómo piensa pagarle después al panadero?

—¡Cómo le pago es asunto mío!

Sonia salió.

—También esto es París —se lamentó amargamente Shagal—. París, adonde me desvivía por venir. Solares, suciedad, olor a matarratas y esta casa con anexos de contrachapado. Es este frío, que te obliga a llevar toda la ropa puesta, y este sofoco, que te obliga a trabajar desnudo.

—Pues a mí esto me gusta —dijo Lunacharski—; hay unos verdaderos arrabales proletarios sin un ápice de mezquindad pequeñoburguesa, todo es nítido y sencillo.

—Anatoli Vasílievich —dijo Shagal—, yo también estoy hecho a la vida sencilla; debo confesar que soy un provinciano terrible. Aunque me gusta cambiar de aires, en el fondo de mi alma sueño con una celda solitaria. Un caballete y unas pinturas: esas son todas mis pertenencias. Me bastaría, para toda la vida, con una pequeña despensa con un agujero para que me dieran de comer a través de él. Porque aquí, Anatoli Vasílievich, nadie te da de comer. Ni un pedazo de pan. Tengo la sensación de que, si me muero debajo de un puente, rodeado por vagabundos, nadie va a darse cuenta. En París no compran mis cuadros, y ya he dejado de hacerme ilusiones. Solo una vez me han prometido que me comprarían un cuadro por veinticinco francos, pero no creo que se cumpla esa promesa. Ya le he pedido prestado a todo el mundo: a Canudo,[69] a Apollinaire, incluso a Iván Petujóvich. Si tengo la suerte de comprar un arenque, lo divido por la mitad: la cabeza para el primer día, la cola para el segundo. Y soy tan pobre que en el mercado, cuando los pepinos son largos, solo compro un pedazo. Y, perdóneme usted, Anatoli Vasílievich, pero tengo los pantalones completamente raídos. No soy ningún dandi, no tengo, en general, ninguna afición a la ropa, me interesa muy poco, y visto sin gusto. Pero lo cierto es que no tengo ni una chaqueta decente con la que acudir al *ballet* de Diáguilev, al que me han invitado.

—Yo le dejo una chaqueta —dijo Lunacharski—; tengo una estupenda que me regaló en Londres un abogado ruso, un exiliado que odiaba terriblemente el orden burgués en Rusia y que soñaba con la justicia proletaria.

—Sí —dijo Shagal—, yo mismo soy hijo de un humilde proletario, y en ocasiones le entran a uno ganas de poner perdido de barro el brillante parqué de esos salones mundanos.

69. Ricciotto Canudo (1877-1923), poeta y crítico de arte italiano, instalado en París desde 1902. Activo propagandista de los movimientos de vanguardia, en 1913 fundó la revista *Montjoie!*, «órgano del imperialismo artístico francés».

—Su tiempo, Mark Zajárovich —dijo Lunacharski—, solo llegará cuando el proletariado derribe el siniestro Moloch del capitalismo. Ese tiempo ya está cerca. Y al igual que Jesucristo, el caudillo del proletariado de Galilea, alimentó con pan al pueblo, nosotros, los revolucionarios, alimentaremos al pueblo de Rusia.

—Ya no me acuerdo de la última vez que comí hasta hartarme —dijo Shagal—. ¿Cómo puedo trabajar si mi cabeza está permanentemente ocupada con sueños de pan y de *kolbasá*?[70] El pintor francés Canudo me ha invitado a desayunar el domingo en un café, y estoy esperando el domingo con más afán que un cristiano piadoso la resurrección de Cristo. Canudo tiene intención de retratarme: se le ha ocurrido que mi cabeza se parece a la cabeza de Cristo.

—Pues, sabe usted —dijo Lunacharski, fijándose bien—, algo de verdad hay en eso… Yo ahora, por cierto, estoy escribiendo una obrita breve que trata más o menos de ese mismo tema. Una especie de auto sacramental. Intervienen Jesucristo, Jehová, ángeles, arcángeles y un trabajador ruso, Iván… Acaso algún día este auto sea representado en una Rusia libre con decorados suyos… Le quedaría enormemente agradecido si tiene a bien escuchar un pequeño fragmento.

—Lo haría encantado —murmuró Shagal—, pero ahora querría dedicarme a mis esbozos. Está aquí en París mi maestro, Bakst, y me gustaría mostrarle alguna cosa.

—Le quedaría enormemente agradecido —insistió Lunacharski—, algo muy breve, un pequeño fragmento… Me apetecía, ya sabe, escribir algo que hiciera palidecer de espanto a esta prosaica y mezquina Europa. —Se sentó en la única silla que había y echó mano de un voluminoso manuscrito—. Tan solo un pequeño fragmento. —Y recitó solemnemente—: Primer cuadro. Un parque umbrío, como los de la Tierra. Bajo un enorme árbol se encuentra un ángel majestuoso con una capa púrpura: cabellos dorados, refulgentes alas de cisne. Delante de él, tendido sobre el musgo, está el obrero Iván, desnudo. De pronto se levanta, como Adán en *La*

---

70. Embutido típico de Rusia; por lo general, su aspecto recuerda al del salchichón, si bien existen numerosas variedades de este producto.

creación de Miguel Ángel. Iván: «¿He muerto o estoy vivo?». Ángel: «Has muerto y estás vivo. Tanto tu padre, Yegori, como tu madre, Filitsata, te esperan aquí. Aguza el oído. ¿Oyes la música de las esferas?». —Lunacharski canta con emoción—: A-a-a-e-a E-ela… Eterna. Transfiguración. Radiante. Superexistencia. Puro. Vino del mundo glorificado… Ela-a-a…

—A-a-o… *Oh là là!* —se oyen gritos en la calle.

—Yo diría que el auto sacramental ya ha comenzado —dijo Shagal—. Parece que los empleados de los mataderos de Vaugirard[71] han venido otra vez a zurrar a los artistas.

Alguien corría por el pasillo, gritando:

—¡Nos pegan! ¡Le han abierto la cabeza a Petujóvich! ¡A Picasso le han roto la chaqueta!

En el jardín contiguo a la Colmena había jaleo.

—Venga conmigo, quiero dirigirme al proletario francés —dijo Lunacharski—. Todo esto son maniobras del diablo burgués para apartar la atención de la clase trabajadora de sus necesidades sociales.

Al pie de la casa se oían bufidos y gritos, los palos y los puños habían salido a relucir.

—Trabajadores —proclamó Lunacharski, plantado en el centro mismo de la refriega—, como dijo Karl Marx: «¡El proletariado no tiene patria!». Todos nosotros, proletarios del trabajo físico e intelectual, formamos parte de una misma clase explotada por la burguesía…

Un fuerte bastonazo en la espalda interrumpió su monólogo.

Al mismo tiempo, golpearon en un ojo a Shagal. Todo se llenó de chispas, flotaban sobre el suelo manchas irisadas.

—¿Qué ha hecho usted, Chagall? —dijo Canudo, al ver el moratón debajo de un ojo—. ¿Cómo voy a retratarle ahora? Según el Evangelio, a Cristo le rompieron una costilla, pero no le pusieron un ojo morado. De todos modos, póngase de perfil. A lo mejor es un hallazgo artístico… A Cristo siempre lo retratan de frente, yo voy a pintarlo de perfil. ¿Qué quiere comer?

---

71. Los mataderos de Vaugirard estaban situados en el distrito xv de París, en la orilla izquierda del Sena; en su lugar se encuentra actualmente el parque Georges Brassens.

En el café, iluminado por el sol de la mañana, la brisa fresca hinchaba las cortinas, los castaños susurraban detrás de las ventanas.

—Una atmósfera genuinamente impresionista —dijo Shagal—; apetece hacer algo inusual: quiero comer de todo aquello que empieza por la letra ese.

—Entonces pude tomar la chuleta Sophie, y yo creo que voy a pedir el entrecot a la bretona o la liebre al ajillo.

—¡Qué nombres! —dijo Shagal, tragando saliva—. En esos nombres se respira el realismo romántico de los viejos maestros. Velázquez, Hals, Rembrandt. Todo sencillo, claro y majestuoso. Nada que ver con el cubismo y sus peras triangulares. Es como deambular a ciegas entre Cézanne y la escultura negra en busca del volumen y la perspectiva.

—Deambular a ciegas. —Canudo se sonrió—. Mire por la ventana. ¿Ve a ese viejo que está cruzando la calle?

—Ya lo veo: es el típico viejo malhumorado, con el ceño fruncido, que da largas zancadas apoyándose en el bastón. Parece un personaje de Balzac.

—Es Degas —dijo Canudo—. Está casi completamente ciego.

Se quedaron callados. Shagal y Canudo miraron a Degas mientras cruzaba la calle.

—Es difícil hacerse a la idea —dijo Shagal—; hay que ver lo que le cuesta moverse a ese hombre que en sus lienzos ha sabido transmitir mejor que nadie la flexibilidad del movimiento, la tensión. No ha habido otro igual a la hora de reproducir el movimiento fugaz e intenso, de imprimir al color las más precisas modulaciones de la luz y el reflejo.

—Eso lo aprendió de los japoneses —dijo Canudo—, pero tampoco se pueden negar las convenciones impresionistas en la belleza de sus líneas y de sus colores.

—En eso no estoy de acuerdo —dijo Shagal—, el impresionismo se apoya en la perfección técnica, y el arte, no solo de Degas, sino el arte en general, yo lo concibo como un estado de ánimo… La fulguración del mercurio, el espíritu azul de la magia… En cualquier caso, eso lo que busco.

—Pero, concretamente, ¿qué? —preguntó Canudo.

—No lo sé —respondió Shagal—, pero algo distinto. Todos

esos malabarismos, toda esa estilización, todo el formalismo del arte actual se pueden comparar con el papa de Roma, entronizado con sus lujosas vestiduras al lado de Cristo desnudo. Personalmente prefiero rezar en campo abierto a rezar en un templo bellamente ornamentado. Ese es mi credo en el arte.

Se quedó callado. Degas alcanzó finalmente la otra acera, torció en una esquina y se perdió de vista.

—Degas lleva una vida solitaria, concentrado únicamente en su arte —dijo Canudo—. No le interesan ni las exposiciones, ni el público, ni la crítica.

—Dichoso él —dijo Shagal—; yo, por desgracia, no puedo permitirme esa satisfacción.

—Sí, usted necesita apoyo —dijo Canudo—, necesita ruido. He hablado de usted con Léger, con Raynal, con Segonzac, profesor de la Academia La Palette.[72] Pero ya sabe, Chagall, que los franceses somos un tanto conservadores cuando se trata de algo insólito y provocativo. Necesita usted su propia exposición, pero las exposiciones de artistas individuales en París no son frecuentes, salvo que estemos hablando de Matisse o de Bonnard; además, sus ideas, Chagall, todas esas divagaciones sobre las ilusiones en el arte, me hacen aún más difícil ayudarle que sus propios cuadros.

—*Monsieur* Canudo —dijo Shagal—, yo nunca dejaré de estarle agradecido por su cordialidad, por haber escrito un artículo sobre mí en su revista *Montjoie!*, por arrastrarme a todas partes con usted y por haber organizado incluso una exposición de mis dibujos. Pero el caso es que a la exposición no ha venido nadie. Unas cuantas personas, y por casualidad. Ni un solo crítico serio ni un solo propietario de una galería decente. Seguramente, así es como tiene que ser. Sencillamente, no tengo sitio en esta época. ¿Qué clase de época es esta, *monsieur* Canudo, que ensalza la técnica y diviniza el formalismo?

Trajeron la chuleta Sophie y la liebre al ajillo.

—¡Qué colores! —dijo Shagal, admirado de la comida—. Esto sí que es el arte genuino.

Y se arrojó sobre su plato con avidez.

72. Escuela privada de arte que funcionó en París desde comienzos del siglo xx hasta 1914.

—No sea excesivamente exigente en sus contactos —decía Canudo, cortando minuciosamente los pedazos de carne—; no abuse de la fantasía, Chagall.

—No piense que soy fantasioso, *monsieur* Canudo —dijo Shagal—; al contrario, soy realista. Amo la tierra.

Trajeron los periódicos. Cuando acabaron de comer, Canudo se puso a hojearlos.

—¡La de necedades que se escriben en los periódicos! —dijo Canudo—. Turquía ha anunciado el boicot a los productos austriacos, ha salido la nueva novela de Paul Adam, *Le Serpent noir*, dirigida contra las enseñanzas de Nietzsche. Adam, ese naturalista amoral, se atreve a discutir con Nietzsche. O esto otro: el *Erzherzog* Fernando de Austria se dispone a visitar próximamente Bosnia y Herzegovina. Y sobre mí ni una palabra.

Arrojó el periódico al suelo.

—Si en Francia no se fijan ni siquiera en usted, *monsieur* Canudo, un artista famoso, de mí mejor no hablemos. Desde luego, mis intenciones les resultan un tanto extrañas a los franceses. No me refiero ya a esos arrogantes cubistas, a cuyos ojos soy una completa nulidad. Por momentos me voy volviendo cada vez más triste y retraído. No tengo más que veinte años, pero ya empiezo a recelar de la gente.

—Tampoco hay que exagerar. Hay tanta gente que siempre es posible encontrar algunas personas estupendas. ¿Ve a aquel hombrecillo que está dormitando en la mesa del fondo, en el rincón? Es Walden,[73] un artista de Berlín, el editor de la revista *Der Sturm*. ¿Y si habláramos con él de usted? Me parece que sus cuadros podrían tener más eco entre los expresionistas alemanes que en París.

Se acercó a Walden y lo saludó.

—*Monsieur* Canudo —dijo Walden con una sonrisa—, me alegro de verle. Acabo de llegar y todavía no me he acostumbrado al aire de París. El aire de París siempre me amodorra.

—Además del coñac francés —dijo su acompañante con una sonrisa.

73. Herwarth Walden (1879-1941), artista expresionista alemán.

—Este es el poeta Ludwig Rubiner[74] —dijo Walden, señalándolo.

—¿Sabe lo que hay que hacer, *monsieur* Walden? —dijo Canudo—. Hay que organizar una exposición en Berlín con los trabajos de este joven. ¿No se conocen? *Monsieur* Chagall.

Dieron cuenta de varias botellas. El humo de tabaco flotaba sobre la mesa. Rubiner salmodió:

Las noches lanzaban flamígeras hojas de palma sobre Berlín.
Los atardeceres, como fieras amarillas,
    flotaban sobre la Friedrichstraße.
Desde las plazas erizadas, desde los grises callejones,
    Berlín arrojaba la lava azul del volcán.
Las mujeres se paseaban solas,
    los hombres abrían desmesuradamente los ojos.
Las piernas corrían por todo Berlín,
    los cabellos se alborotaban de forma salvaje.
El sol estaba cada vez más bajo,
    el incendio del ocaso llameaba en los hombres...[75]

—En los últimos tiempos me siento en Berlín como un caballo enganchado a un carro pesado —dijo Walden—. El aire de Berlín cada vez es más pesado.

—El futuro siempre es pesado —dijo Rubiner—. El peso de Berlín es el peso del futuro. Los socialistas hemos traído ese futuro a la vida en beneficio de los millones de desheredados.

—Y ¿no se te ha ocurrido pensar, Ludwig, en lo que puede pasar si el espíritu burocrático prusiano, el prusianismo, se une al socialismo?

—Pero ¿es posible semejante quimera? —preguntó Shagal—. Por lo que sé, el káiser prusiano persigue a los socialistas.

—Ah, señor Shagal —se sonrió Walden—, hasta ahora habíamos conocido las quimeras de los griegos, las quimeras de los hindúes y de los chinos, la unión de cabra y león, de hombre y caballo, de hombre y macho cabrío; pero si surge la quimera alemana,

74. Ludwig Rubiner (1880-1920), escritor alemán, representante del expresionismo literario.
75. Fragmento del poema «Geburt» (Nacimiento), del libro *Das himmlische Licht* (La luz celestial), publicado en 1916.

si el prusianismo se une con el socialismo, nos encontraríamos con la asociación anatómicamente indisoluble de hombre y cerdo en un mismo torso.

—En cuanto dos alemanes se sientan a una misma mesa, enseguida empiezan las conversaciones sobre diabluras y monstruosidades —dijo Canudo—. Los franceses preferimos otras formas muy distintas de fantasía. Nuestra alegría no carece de arrojo. Solo una catástrofe monstruosa, fruto de la locura del cielo, del agua, de la tierra y del fuego, podría hacer tambalearse la alegría de París.

—Tengo la impresión —dijo Walden— de que esa clase de catástrofe monstruosa ya pende sobre los tejados de Berlín, pero en París aún no se presiente: por eso vengo aquí, para cobrar aliento. Los alemanes tenemos un dicho relativo a la buena vida: vivir como Dios en Francia.

—Los franceses, a propósito de la buena vida, dicen: como un gallo en la masa —dijo Canudo.

—Y los rusos dicen: como el queso en el aceite —dijo Shagal.

—¿Añora Rusia? —preguntó Walden.

—Añoro Vítebsk —dijo Shagal—. Aquí, en París, echo mucho de menos el queso y el aceite de Vítebsk… Aunque también echo de menos el queso y el aceite franceses…

Shagal esperaba en el recibidor de un enorme apartamento. Percibía a su alrededor los olores y los sonidos propios de una vida opulenta. Se oían en la cocina los chasquidos de los cuchillos del cocinero que, evidentemente, estaba trinchando la carne; del salón provenía un aroma mareante a bollos tiernos y a café; del cuarto de los niños le llegaban las escalas interpretadas en el piano. Después una vocecilla infantil empezó a cantar una canción francesa. Apareció un criado mofletudo y, sin reparar en Shagal, empezó a limpiar unas polainas.

—*Monsieur* —se dirigió Shagal, tímido e indeciso, al criado—, llevo ya media hora esperando en este recibidor. ¿No podría recordarle a *monsieur* Doucet[76] que estoy aquí? El señor Canudo le ha escrito una carta de recomendación sobre mí.

76. Jacques Doucet (1853-1929), célebre modisto y coleccionista de arte francés.

El criado dejó las polainas de su amo y se marchó al comedor. Llamaron a la puerta de la calle. Volvió a aparecer el criado mofletudo.

—*Monsieur* —le dijo Shagal—, ¿le ha hablado usted de mí?

—Un momento —dijo el criado y fue a abrir la puerta de la calle.

—Pierre, ¿es el verdulero? —preguntó una voz de mujer.

—No, *madame* —dijo el criado—. *Madame*, ¿había encargado usted flores de Niza?

—Sí.

Apareció una señora perfumada, tomó de manos del criado un enorme ramo de flores lozanas y le tendió al repartidor un crujiente billete de, como mínimo, cincuenta francos.

—*Madame* —dijo Shagal—, llevo aquí ya media hora… *Monsieur* Canudo le escribió a *monsieur* Doucet una carta de recomendación a propósito de cincuenta acuarelas mías.

—¿Cuál es su apellido?

—Chagall… Soy un pintor ruso.

—Enseguida.

Salió con el criado, oliendo el ramo.

El criado no tardó en regresar, con una carpeta y un sobre en las manos.

—*Monsieur* Doucet me ha encargado que le devuelva esta carpeta y la carta de *monsieur* Canudo y que le diga que no tenemos necesidad del mayor maestro del color de nuestro tiempo.

El criado se rio y se puso otra vez a limpiar las polainas.
En el bulevar Saint-Germain el sol brillaba con fuerza. Olía a hierba recién regada, el agua manaba de las mangueras de los barrenderos. Los vendedores de frutas y verduras ofrecían desde sus carros hermosos tomates, manzanas y peras, así como distintos frutos exóticos y desconocidos. Shagal extrajo del sobre la carta de recomendación de Canudo y la leyó:

> *Monsieur* Doucet:
> Le recomiendo, en su calidad de experto coleccionista, que adquiera las acuarelas de *monsieur* Chagall, un artista ruso que es, en mi opinión, el mayor maestro del color de nuestro tiempo. La combinación de cultu-

ra e inspiración, la frescura del color, la naturalidad de la composición y del movimiento son los elementos característicos de las acuarelas de Chagall, quien, sin renunciar al temperamento, es capaz de preservar la pureza de los tonos y de hacer ver…

Shagal hizo añicos la carta y echó a andar por el bulevar.

—Ojalá este bulevar Saint-Germain desembocara directamente en la calle de la Estación de Vítebsk… —dijo en voz alta—. Padre, ¿por qué me has dado la espalda?

Shagal regresó a pie a la Colmena, donde volcó encima de la mesa el contenido de la carpeta con las acuarelas rechazadas y se sentó en la única silla, hundiendo la cabeza entre las manos.

—¿Qué puedo hacer? —se repetía—. ¿Qué puedo hacer? ¿Montar acaso a lomos de una quimera en Notre-Dame y elevarme hacia el cielo sobre París, mi segundo Vítebsk? ¿Vivir en el cielo, donde no hay que pagar por la comida ni por el alojamiento y no se necesitan unas polainas nuevas, ya que uno puede caminar descalzo sobre las blandas nubes?

Llamaron a la puerta.

—Señor Shagal, ¿está usted en casa? —preguntó Sonia.

—Sí, aquí estoy —dijo Shagal, desganado—, pero ahora no hace falta barrer el taller.

—No se trata de eso, señor Shagal… Ha venido alguien a verle.

—¿Quién ha venido?

—Un ricachón.

—¿Un ricachón? —Shagal se animó—. Tiene que ser *monsieur* Malpel, el que me prometió comprarme un cuadro. ¿Ha dicho cuándo va a volver?

—Está esperando en el jardín —dijo Sonia—. Le he dicho que estaba usted a punto de llegar.

—Voy a buscarlo. —Shagal se levantó rápidamente, pero después se detuvo en el umbral—. No, al fin y al cabo, soy un artista, no un verdulero. Ve y dile que lo espero… Después de todo, no me has dado la espalda, Padre… Me arreglaré los zapatos o incluso me compraré unos nuevos, y devolveré algunas deudas.

No paraba de moverse, colgando sus dibujos y colocando sus acuarelas.

Llamaron a la puerta, aparentemente con un bastón.

—Adelante —dijo Shagal.

Entró un caballero vestido con una levita austera.

—¿En qué puedo servirle? —preguntó Shagal.

—Mark —exclamó el señor del bastón—, ¿no reconoces a un amigo de la infancia?

—¡Aminodav! —Se abrazaron—. ¿De dónde sales? ¿Cómo me has encontrado?

—Bueno, el caso es que te he encontrado —dijo Aminodav y se sentó en la silla—. Y tú… ¿dónde te sientas? —preguntó.

—Yo me quedo de pie o, si no, me siento en el suelo.

—Tus parientes están preocupados —dijo Aminodav—; tu hermana se encontró con mi madre en el mercado, y mi madre le prometió que yo daría contigo y averiguaría cómo te va… ¿Por qué no escribes a casa?

—He estado ocupado, con problemas, traslados… Al principio vivía en Montparnasse, pero depués me he mudado aquí. El dinero, ya sabes.

—Pero tú querías ser artista —dijo Aminodav—, y los artistas más pobres, según me han comentado, viven en este edificio. ¿Qué? ¿No van bien las cosas?

—Pues no, no van demasiado bien.

—Bueno, no te desanimes; somos amigos, paisanos, judíos, tenemos el deber de ayudarnos el uno al otro. ¿Estos dibujos son tuyos?

—Sí.

—Son buenos. Claro que, si pagaran por ellos, serían aún mejores.

—Un francés me ha prometido comprarme un cuadro por veinticinco francos.

—Te lo ha prometido, pero ¿todavía no te lo ha comprado?

—No, no me lo ha comprado.

—¿Quieres que te lo compre yo?

—¿Es que te gusta la pintura?

—A veces sí. Si es para ayudar a un amigo, me gusta. Mira, me llevo este. —Y señaló el lienzo enrollado que tenía más a mano—.

¿Cuánto te había prometido el francés? ¿Veinticinco francos? Yo te doy cincuenta. —Sacó la cartera y le tendió un billete. Shagal estaba tan aturdido que ni siquiera se fijó en qué cuadro concreto le había comprado Aminodav—. Verás, Mark, yo soy bastante agarrado, no me gusta tirar el dinero, pero tengo olfato comercial.

—No sabes hasta qué punto me estás ayudando —dijo Shagal con alegría—. Hoy me han invitado al *ballet*, y tengo los zapatos destrozados, no sabía qué hacer para ir. Aquí al lado hay una pequeña tienda polaca: puedo comprar unos zapatos decentes por unos pocos francos.

—Vamos a ir juntos a comprar esos zapatos. Y la chaqueta que llevas no parece de tu talla, y los pantalones, perdona que te diga, pero están muy gastados.

—No puedo comprarme todas esas cosas —dijo Mark—, tengo que devolver unas deudas.

—No te preocupes por eso —dijo Aminodav—. Tú elige lo que te guste, y el resto es asunto mío. ¿Te importa que esta tarde vayamos juntos al *ballet*? A los que nos dedicamos al comercio también nos apetece distraernos de vez en cuando. Y después del *ballet* iremos a una casa pública. Eso también corre de mi cuenta. En la rue Chabanais hay un establecimiento de primera, se llama Sociedad de las Naciones. Allí, además de cuartos franceses, también hay cuartos españoles, ingleses, alemanes, japoneses, rusos y demás; hay para todos los gustos.

Tras franquear las puertas del almacén, abiertas de par en par, Mark se encontró en una sala enorme, llena de clientes. Cerca de la puerta estaban expuestos los productos.

—No sabe uno adónde mirar. —Mark cogió unos zapatos de color limón—. ¿Cuánto cuestan?

Había un dependiente con un lapicero en la oreja que estaba pendiente del público. Le contestó a gritos:

—Los precios están anotados; elijan lo que quieran, son productos de ocasión.

—No es aquí a donde venimos —dijo Aminodav.

Subieron al primer piso por una escalera de forja. Aquí había pocos clientes, y los dependientes iban de frac negro.

—*Monsieur* —un dependiente que olía a perfume se dirigió a Mark—, ¿puedo ayudarle en algo?

—*Monsieur* es artista —dijo Aminodav, hablando en un mal francés—; *monsieur* elegirá a su gusto.

Mark escogió una chaqueta violeta, un chaleco color frambuesa, unos pantalones verdes y unos zapatos amarillos.

—Para mí, es perfecto —dijo, dando vueltas delante del espejo.

En la plaza de la Ópera, unas señoritas iban y venían entre la muchedumbre engalanada, ofreciendo billetes.

—La verdad es que es caro —dijo Aminodav al enterarse del precio—. La casa pública es el doble de barata, y habría mucho que discutir en lo referente a las satisfacciones. Nunca sabes lo que te va a tocar. La última vez conocí a una japonesa…

—Es por aquí —dijo Shagal, preocupado por si alguien estaba escuchando a Aminodav.

—Ah, la entrada de servicio —dijo Aminodav—, eso está bien. ¿Tienes conocidos aquí dentro? Escucha, Mark, ¿no podrías presentarme a alguna bailarina? Una bailarina, sin duda, saldrá cara, y a lo mejor uno tira el dinero en vano…

—¿A quién están buscando, *monsieur*? —preguntó un encargado en la entrada.

—Traigo este pase, de parte de *monsieur* Nijinsky —dijo Shagal.

—Pasen —dijo el encargado, mirando los papeles.

—¿Qué representan hoy? —preguntó Aminodav mientras avanzaban por un largo pasillo.

—*El espectro de la rosa* —respondió Mark—. Es un *ballet*.

—¿Un *ballet* sobre la vida de los judíos?

—¿Por qué de los judíos?

—Hombre, por lo de Rosa; ¿no te acuerdas de Rosa Kniazevker, de Vítebsk? Querían casarme con ella, y ahora quieren casarla con Zusia, que está de aprendiz en la peluquería del padre de ella.

—No, aquí se refiere a la flor —dijo Mark.

Se situaron entre bastidores, desde donde podían ver el escenario, pintado de rojo y rosa.

—Rojo y rosa —dijo Mark—; eso es que Bakst no anda lejos.

—Esto es muy bonito —dijo Aminodav—. Fíjate —señaló con el bastón— en esa bailarina, ¿no podrías presentármela?

—No la conozco —dijo Shagal—; te ruego que no señales con el bastón.

—Ay, perdona, ya sé: las clases altas, los buenos modales… Pero, de todos modos, a lo mejor le gusto… No para casarnos, evidentemente… Mi padre, el sastre Schuster, se opondría en cualquier caso. Tiene unas piernas bonitas, pero lo más probable es que no tenga dos dedos de frente.

—No sé, nunca he hablado con ella —dijo Shagal, conteniendo su irritación a duras penas.

Nijinsky llegó hasta él, lo abrazó por los hombros.

—Me alegro de verte —dijo—; ¿has venido a hablar con Bakst?

—He venido a verte a ti —dijo Shagal— y a enseñarle algo a Bakst, unas acuarelas.

Nijinsky se puso a hojear la carpeta.

—Es admirable —dijo—, el ojo descansa después de tanto artista rutinario y amanerado.

—Nadie las compra —dijo Shagal, apesadumbrado—, a nadie le interesan.

—Llegará tu momento.

—Gracias por consolarme, Vatsa, pero para ti es fácil decirlo. Tu momento ya ha llegado, y yo ya paso de los veinte años.

—Al César lo que es del César, y a Dios lo que es de Dios —dice Nijinsky con una sonrisa y se vuelve hacia el escenario, donde lo espera la bailarina Karsávina.[77] Se acerca Bakst.

—Alto, Vatsa, espera un momento. —Con mucha delicadeza, le coloca a Nijinsky el amplio pañuelo de cuello y a continuación se vuelve hacia Shagal. Después de saludarlo, añade—: Así que al final ha venido.

—Lev Samóilovich —dice Shagal, turbado—, al final he venido y hasta le he traído mis nuevas acuarelas.

—¿Se acuerda de que le desaconsejé venir a París? —dice Bakst—. Recuerde que le advertí de que no debía contar con mi ayuda.

—Lo recuerdo, Lev Samóilovich.

77. Tamara Platónovna Karsávina (1885-1978), bailarina rusa, fue compañera de Anna Pávlova y de Nijinsky en los Ballets Rusos de Serguéi Diáguilev.

—Perdone que me entrometa —se une a ellos Aminodav—, pero, mientras a Mark le queden amigos de la infancia, siempre podrá contar con su ayuda. Permita que me presente: Aminodav Schuster, comerciante. —Y le ofreció la mano; Bakst se la estrechó de mala gana—. Ya en Vítebsk, Mark dibujaba muy bien, es un magnífico artista. Alguna vez el mundo entero se dará cuenta. Fíjese en este cuadro que le he comprado por una suma considerable, tengo buena mano. —Desenrolla el lienzo: no hay nada en él—. Vaya, todos cometemos errores —dice Aminodav, turbado—, aunque ya me pintarás algo aquí encima… Pero usted —se dirige a Bakst—, si no he entendido mal, también es artista. ¿No tendrá alguna cosa alegre? Me gustan los cuadros alegres. En la Sociedad de las Naciones, ese burdel tan estupendo, cuelgan unos cuadros muy alegres de las paredes. ¿No querrán acompañarme a ese sitio, señores? Todo corre de mi cuenta. Tengo allí algunas amistades, como Mark en la ópera, y siempre me proporcionan a las chicas más lozanas.

—El señor Bakst está ocupado —dice Mark, bajando la vista—. Y yo tampoco puedo.

—Entiendo —dice Aminodav, ofendido—, yo aquí estoy fuera de lugar… Hagan el favor de disculparme, me voy.

Aminodav se despide con una inclinación y se marcha. Se produce un silencio incómodo que acompaña la obertura orquestal del *ballet El espectro de la rosa*.

—Disculpe, Lev Samóilovich —dice Mark—, es un conocido mío de Vítebsk. Hacía mucho que no nos veíamos y nos hemos encontrado por casualidad.

—Sí, es una mala compañía —dice Bakst—. Naturalmente, uno no puede aprobar la existencia de la zona de asentamiento, pero imagínese lo que pasaría si todos los sastres y los zapateros de Vítebsk o de Berdíchev se trasladaran a San Petersburgo, y ya no digamos a París… Qué vergüenza más grande y qué hallazgo para los antisemitas… Sí, su amigo no tiene la menor delicadeza.

—Lev Samóilovich —dijo Shagal—, la falta de delicadeza no siempre está unida a la insensibilidad.

—¿A qué se refiere?

—Es la única persona que me ha ayudado materialmente sin entender una palabra de mi pintura.

—¡Ah, se trataba de eso! ¿Lo dice por mí?

—Lev Samóilovich, no se ofenda, yo también soy hijo de un cargador de la zona de asentamiento. Pero seguramente tiene usted razón, después de todo, y no me tocaba venir a vivir no ya a París, sino ni tan siquiera a San Petersburgo. Habría vivido en Vítebsk con mis padres y con mis hermanos. Me habría casado. Habría sido fotógrafo. Puede que ahí hubiera estado mi felicidad.

—Muéstreme sus acuarelas —dijo Bakst.

—Claro, Lev Samóilovich. —Mark abrió la carpeta—. También he vivido momentos dichosos en París. En el Louvre, por ejemplo, o en la calle Laffitte, donde están expuestos Renoir, Pissarro o Manet. Lástima que no me atreva a entrar en la tienda de Vollard,[78] porque el dueño tiene muy malas pulgas y no le hace ninguna gracia que la gente se dedique únicamente a mirar, sin comprar nada, y yo no siempre dispongo de unos pocos francos para adquirir reproducciones. ¡Y ya no digamos el dinero del billete a Vítebsk! Solo la enorme distancia que hay entre París y Vítebsk me retiene aquí. Tenía usted razón, Lev Samóilovich, no he conseguido nada en París, y no debería haber venido.

—De todos modos, algo sí ha conseguido, Shagal —dijo Bakst, examinando las acuarelas—. Ahora sus colores han adoptado su propia voz. Aquí, en París, en Francia, usted ha madurado… Solo le hace falta un poco más de gusto, Shagal… Sus acuarelas están bien, pero usted va vestido, perdone que se lo diga, de un modo disparatado, como un loro… Y evite las malas compañías, algo que reconozco que a todos nos cuesta cada vez más y que conduce el arte hacia la torpeza, la vulgaridad impertinente y la inevitable falta de sinceridad. El gusto, Shagal, tal vez sea la única tabla de salvación en este tiempo popular-democrático que se avecina. Vea lo que es el gusto. Una sala de espectáculos, llena hasta arriba durante toda la tarde, disfruta de las cabriolas rítmicas, que resultan monótonas a primera vista, de bailarines y bailarinas. ¿Por qué? Porque la tarea de la nueva coreografía en estos tiempos consiste en captar la atención del espectador por medio de la belleza de las líneas, de la desnudez humana flexionada con arte, libre de erotismo vulgar y chabacano.

---

78. Ambroise Vollard (1866-1939), marchante de arte y galerista francés.

El artista ha de ser insolente, simple, tosco, primitivo. El arte nuevo no soporta los refinamientos. Está más que harto de eso. Los elementos de la pintura reciente eran el aire, el sol y el verdor. Los elementos del arte futuro son el hombre y la piedra.

Y, dirigiéndole una sonrisa a Shagal, Bakst se perdió entre bastidores. Desapareció para siempre.

Sonaba la música. Reinaba en el escenario el *ballet El espectro de la rosa*.

En la casa pública de la rue Chabanais había gran cantidad de espejos y en las paredes colgaban cuadros de temática frívola. En una jaula dorada había un gran loro de vivos colores, de pésimo humor. Pero cuando apareció Aminodav, desgreñado, con los ojos hinchados, el loro de repente aleteó y exclamó en alemán:

—¡Querido mío, saca ese champán!

Y a continuación entonó una canción en español.

—¿Qué ha pasado? —le preguntó Aminodav a Simić, que estaba esperándolo.

—Me ha costado dar con usted —dijo Simić—. ¿No ha leído los periódicos de hoy?

—No me ha dado tiempo, tenía demasiadas cosas que hacer.

—La salida de su tren se retrasa. Ayer en Sarajevo fue asesinado el *Erzherzog* Fernando. Se habla de guerra.

—¡Dios mío, lo estúpida que puede llegar a ser la gente! —dijo Aminodav y se llevó las manos a la cabeza—. Cuanto más la conoces, más claro lo ves. La gente es estúpida en todo: en el negocio, en la diversión, en el pecado, en la santidad… Y ahora quieren montar una guerra.

—¿Sabe quién ha matado al *Erzherzog*? —le preguntó Simić—. Gavrilo Princip, el hermano del miembro de la dirección de nuestro banco.

—Ya ve lo que son las cosas —dijo Aminodav con amargura—, y yo que le había prometido al señor Princip hablar con su hermano. Quién sabe si habría sido capaz de convencerlo para que no llevara demasiado lejos su exaltación. Al final no he viajado a Sarajevo, me he fallado a mí mismo y he fallado al mundo entero.

—No se haga usted mala sangre —Simić se sonrió—, difícilmente le habría escuchado. O habría disparado otro. Son muchos en Serbia los que odian a Austria.

—Ah, señor Simić —dijo Aminodav con toda seriedad—, no se imagina usted lo importante que puede llegar a ser una palabra dicha a tiempo y en el lugar adecuado. Pero ¿desde cuándo se dice esa palabra a las personas? Se le dice a Dios, y que me perdone el Altísimo por pronunciar Su sagrado nombre en este lugar indecente al que me ha traído mis debilidades y pecados. Quién sabe si por culpa de mis debilidades no va a desatarse una guerra mundial. ¡Ah, soy un idiota!

—Idiota —repitió de pronto el loro, con toda claridad, mirando a Aminodav.

Mark recibió un telegrama en plena noche. Había trabajado hasta tarde, y acababa de dormirse. Hizo un esfuerzo para abrir los ojos soñolientos y leyó: «Ha muerto tu hermano David. Yalta. Tu padre Zajaria».

—Pobre David —dijo Mark con voz trémula—. Tuberculosis. Ahora reposará debajo de un ciprés en la lejana Yalta.

Brillaba el sol en Yalta. Las olas azotaban la orilla. Acababa de llegar un vapor, y muchos paseantes habían acudido a recibirlo.

—El tiempo ha mejorado por la tarde —le decía una joven dama a su acompañante. Observó el barco con los impertinentes y después los dirigió hacia el camino por el que pasaba la comitiva de un entierro. El *spitz* blanco que estaba a los pies de la dama empezó a ladrar a los caballos que tiraban del féretro.

—Qué entierro más raro —dijo la dama—; me da la sensación de que ese hombre, posiblemente el padre del chico que ha fallecido, está bailando detrás del féretro.

—Al parecer, se trata de un entierro judío jasídico —dijo su acompañante—. El escritor An-ski[79] ha descrito este ritual jasídico en sus *Relatos judíos*.

79. Semión An-ski *(sic)*, pseudónimo de Shloime-Zanvl Rappoport (1863-1920), fue un escritor y activista político judío; empezó escribiendo en ruso, pero es famoso sobre todo por su producción en *yiddish*.

—Señor —decía Zajaria, bailando detrás del féretro—, Señor, Tú me confiaste a este hijo puro de espíritu, y así te lo devuelvo yo a Ti.

El blanco *spitz* seguía ladrando al entierro.

La gris estación berlinesa temblaba al paso de la enorme muchedumbre. Los soldados movilizados avanzaban formando una corriente compacta. Todo era agitación y apreturas.

—Los alemanes vivimos como en una estación de ferrocarril —dijo Rubiner cuando se encontró con Shagal—; nadie sabe lo que pasará mañana. Es posible que mañana arda todo.

—Yo nací durante un incendio —dijo Shagal—, y estoy condenado a que los incendios me pisen siempre los talones. Pero ¿qué podemos hacer si los acontecimientos mundiales nos van dando alcance, como si nos llegaran desde detrás de un lienzo extendido, a través de la tela y las pinturas, al igual que ocurre con los gases tóxicos?

—¿Te quedas mucho tiempo en Berlín? —preguntó Rubiner, mientras marchaban en un coche alquilado por las calles engalanadas con enseñas imperiales.

—Apenas unos días —dijo Shagal—, lo justo para la exposición. Después me propongo ir a Rusia.

—No te lo aconsejo —dijo Rubiner—. Después de la exposición deberías regresar a París. Fíjate en lo que está pasando. No me digas que tu intuición no te advierte, no intenta disuadirte de viajar a Rusia.

—Quiero visitar mi tierra —dijo Shagal—, acudir a la boda de mi hermana y ver a mi prometida, si es que sigue siendo mi prometida después de mi larga ausencia. Solo serán tres meses.

—¡Tres meses! —Rubiner se sonrió—. Y quién sabe lo que puede pasar de aquí a un mes siquiera. Parece que Europa se encamina hacia la guerra. La locura se ha impuesto. Y eso se debe a que se ha impuesto también en nuestro interior. Dice Richard Dehmel[80] en su poema *Dos personas*: «Hasta tal punto soy uno con mi mundo que ni un solo gorrión caerá del tejado contra mi voluntad».

80. Richard Dehmel (1863-1920), escritor alemán; su novela lírica *Zwei Menschen* (Dos personas) apareció en 1903.

—La locura del mundo también se puede sentir en la pintura —dijo Shagal—. El cubismo lo escinde, el impresionismo lo retuerce. En ocasiones me parece que, si efectivamente estalla la guerra, el causante y el culpable habrá sido Picasso con su cubismo.

—Tampoco conviene pasar por alto el grosero naturalismo político de nuestro káiser —dijo Rubiner—. Pero, si Picasso y el cubismo encienden la guerra, ¿qué clase de pintura será la que origine la paz?

—No sé —dijo Shagal—; puede que yo, sencillamente, no sea un artista. A menudo me digo: no soy un artista. Entonces, ¿quién soy? ¿No seré un toro? Estoy pensando incluso en imprimir esa imagen en mis tarjetas de visita. El toro Shagal. Un toro volador con una vaca voladora. Una imagen puramente expresionista. El expresionismo, por lo menos, refleja el auténtico estado del mundo, mientras que el cubismo viene a ser lo mismo que el carácter burgués, solo que más refinado. Es una corriente alejada de la vida real, de los acontecimientos reales que se manifiestan de un modo cada vez más insistente e inquietante...

En el pequeño local donde tenía su sede la redacción de la revista *Der Sturm* los cuadros de Shagal, sin enmarcar, colgaban de las paredes, y las acuarelas estaban repartidas de cualquier manera por las sillas y las mesas. Walden, con su nariz aguileña y sus melenas, decía:

—El viejo mundo llega a su fin. En Francia concluye el dominio del impresionismo. Ya no se situaba en primer plano la reproducción de objetos y detalles aislados, sino la reproducción de la luz, el aire, el movimiento, la sensación de totalidad. Max Liebermann[81] ha intentado implantar esto mismo en el sustrato alemán, pero no creo que esa clase de arte vaya a tener éxito entre nosotros. A los alemanes nos resulta más cercana la expresión. En lugar de líneas y colores difusos, la claridad de las líneas y la precisión en la distribución de las masas de color. Esto se aviene mejor con nuestra psicología nacional. Por eso sus cuadros, Chagall, van a tener

81. Max Liebermann (1847-1935), pintor y grabador judío-alemán, fue uno de los principales exponentes del impresionismo en Alemania.

éxito precisamente en Alemania. Puede que no enseguida, pero su éxito empezará justamente en Alemania.

—Estaría bien —dijo Shagal—. Después de haber vivido en París, ya no sueño con un gran éxito. Ni aun suponiendo que me compraran mis cuadros.

—No, créame, tendrá un éxito enorme —dijo Walden—. Su afán por no reflejar la realidad material, la que tenemos frente a los ojos, trasladándose desde la vida cotidiana a una esfera ideal, a la región de la belleza pura, cuenta con una larga tradición en la pintura alemana. Yo llamaría neoidealismo a este estilo. Esta tradición no solo está presente en la pintura germana, sino también en nuestra arquitectura. Por ejemplo, el edificio del Reichstag de Berlín, del arquitecto Paul Wallot. Ludwig, estaría bien llevar a Chagall a ver el Reichstag.

—Ahora mismo es un lugar bastante desagradable —dijo Rubiner—, no hay más que manifestaciones patrióticas.

—Es una lástima —dijo Walden—; pero en su próxima visita tiene que ver sin falta el Reichstag. En mi opinión, la pintura de Chagall responde al estilo arquitectónico de Wallot. Estaría bien que alguna vez Chagall pintase el interior del Reichstag. Sus murales se corresponderían con el objetivo del edificio, con el orden sentimental que nos ha traído la nueva cultura.

—Te has vuelto loco —bromeó Rubiner—; ¡me imagino cómo se sentirían en el Reichstag Zimmermann, Böckl y demás diputados del antisemita Partido Popular alemán bajo unos murales judíos!

—Yo estoy pensando en la cultura —dijo Walden—, no en esos jabalíes de pelaje hirsuto. Vendrán otros tiempos, y aún veremos edificios alemanes con pinturas de Chagall.

Fueron a la cercana galería *Der Sturm*. Las telas que colgaban en las paredes presentaban unos colores brillantes, que parecían chillar. Uno de los lienzos se llamaba *Sinfonía de sangre*. Otro, *La gama de colores del fin del mundo*.

—La discordia espiritual requiere nuevas formas —explicaba Walden—; esto ya no es expresionismo, sino más bien neoexpresionismo o dadaísmo.

Aquella tarde acudió numeroso público a la inauguración de la exposición de Shagal. La gente bebió y fumó, se recitaron versos.

—Apartábamos los ojos de nuestra propia sangre —leía Rubiner—, el cielo volaba sobre cada una de las calles de la ciudad. En una calle adoquinada de los suburbios, una buscona de cabellos grises esperaba a los soldados junto a una valla. En los cuartos amueblados los rusos hablaban de las ventajas del terror.

Pero en el recibidor reinaba el silencio, y un joven le decía a otro que llevaba anteojos:

—La influencia judía llega a todas partes. Todas las galerías de Berlín están en manos de hebreos. Igual que en Múnich o en Hamburgo. En todas partes. A Walden no le basta con los judíos alemanes, así que para colmo ha organizado una exposición de judíos de Rusia.

—Pues en Austria no estamos mejor —decía el hombre de los anteojos—; todo eso, como profesor que soy de la Academia de Artes de Viena, me resulta familiar.

—Ah, sí, ya la conozco: está en la Schillerplatz de Viena. En su día traté de ingresar allí, pero sin éxito.

—No es usted el único. Nosotros, los cristianos, nos sentíamos unos extraños. Si no recuerdo mal, todos los que fracasaron eran católicos. Heinz Als, Wolfgang Schwamberger, Adolf Hitler, que lo intentó dos veces, Joachim Bund y así todos.

—El único lugar que no controlan todavía los judíos es la galería de arte de Dachau, cerca de Múnich. El resto está todo en manos de los hijos de Judá. A veces es desesperante.

—La desesperación no es un sentimiento ario —dijo el hombre de los anteojos—; venga mañana por la tarde a la Bayerischer Platz. Böckl, el diputado del Reichstag, les ha ofrecido amablemente a los jóvenes artistas alemanes una sala en la sede de su Partido Popular antisemita. Con ese motivo he venido expresamente a Berlín desde Viena.

En la sala de *Der Sturm*, Rubiner leía:

—La tormenta chapoteaba en Berlín. La luz ya no ardía tras el cristal multicolor del ocaso. Como tampoco ardían las llamas en los farolillos de papel. El paraguas flameante del cielo se abría sobre las cabezas. El aire, fundiéndose, volaba en rachas de viento más allá de los campos. Abajo se veía una arena cruel, rojiza, como una multitud pisoteada. Con un aullido irrumpimos en el campo de Tempelhof.

Se oyó un estruendo, todo empezó a temblar. La artillería avanzaba por la Potsdamer Straße. Unos enormes caballos saciados tiraban de las armas, los soldados llevaban unos pesados cascos.

—La civilización llega a su fin —dijo Walden, con un vaso de coñac en la mano—; la razón ya no sirve para la vida, hay que vivir basándose en la intuición.

A las ocho de la tarde en la Bayerischer Platz y en las calles adyacentes se encendieron simultáneamente las farolas. En una sala bastante amplia del Partido Popular antisemita colgaban de las paredes cuadros, dibujos y acuarelas.

—Interviene el diputado del Bundestag por el Partido Popular antisemita, el señor Böckl —anunció el presentador.

—Señoras y señores —dijo Böckl—, esta exposición de arte joven de Alemania se inaugura en unos días grandiosos para nuestra patria alemana. Todo el pueblo, a excepción de un pequeño grupo de traidores judaizantes, se ha unido, al encontrar un terreno común para la mutua reconciliación ante la presencia del enemigo exterior. Nuestro káiser Guillermo ha dicho: «Yo no sé de partidos, me basta con que sean alemanes». —Aplausos—. Me alegro de ver que entre los artistas aquí reunidos solo hay rostros alemanes, arios.

Aplausos.

Después intervino el profesor de la Academia de Viena.

—¡Señoras y señores!, hemos nacido en esta época grandiosa y debemos recorrer en su integridad el camino al que hemos sido destinados. Somos arios, debemos resistir hasta el final, como aquel soldado romano cuyos huesos se hallaron junto a las puertas de Pompeya y que falleció porque se habían olvidado de relevarlo antes de la erupción del Vesubio. Es en esa grandeza donde se muestra la raza. Ese es un final honroso para un patriota. El carácter racial define con especial intensidad las propiedades de la cultura nacional, saludable, clara, libre de la descomposición putrefacta del judío. —Aplausos—. Fíjense en estos cuadros, señores. En ellos habita un espíritu cercano a la naturaleza, a la tierra. En ellos se conserva la vieja materialidad del verdadero naturalismo alemán…

Entre los cuadros que colgaban de las paredes había también una acuarela del joven pintor muniqués Adolf Hitler.

Por la mañana Shagal y Rubiner, que se había ofrecido a acompañarlo, se dirigieron en tranvía a la estación. Al llegar a un cruce, el tranvía se quedó detenido un buen rato: estaban pasando unas tropas.

—Voy a perder el tren —dijo Shagal, nervioso—, tendríamos que haber salido antes.

—¿Quién iba a suponerlo? —dijo Rubiner—. El militarismo tiene paralizada por completo la vida en Berlín. No hay quien respire. Fíjese en la gente, mire los semblantes estúpidos de los patriotas, radiantes de la emoción.

—¡Viva el káiser! —gritó un pasajero, asomándose por la ventanilla—. ¡Viva la patria! ¡Gloria a los soldados alemanes!

Un oficial que pasaba en un faetón sonrió e hizo el saludo militar. En las aceras el público agitaba banderolas patrióticas.

—Soy un veterano socialdemócrata —dijo un señor ya canoso—, pero en este momento fatídico los socialdemócratas alemanes apoyamos a nuestro káiser contra los enemigos de nuestra patria.

—Por ahí sí que no paso —dijo Rubiner y le gritó al señor canoso—: ¡También yo soy socialista! Los verdaderos socialistas alemanes se manifiestan en contra de una guerra sangrienta a la que el pueblo se ve arrastrado en beneficio del káiser, en beneficio de latifundistas y capitalistas.

—No, los verdaderos socialdemócratas alemanes apoyan al káiser, a excepción de ese pequeño grupo antipatriótico de Karl Liebknecht,[82] al que, evidentemente, usted pertenece.

—¡Socialtraidor! —exclamó Rubiner, nervioso—. Os habéis vendido a los capitalistas, que emprenden una guerra en su propio interés.

82. Karl Liebknecht (1871-1919), revolucionario alemán; opuesto a la Primera Guerra Mundial, fue uno de los fundadores de la Liga Espartaquista y del Partido Comunista Alemán. Fue asesinado tras el sofocamiento del Levantamiento Espartaquista, en enero de 1919.

—Hoy un alemán de pura cepa no puede hablar así —le dijo una señora a Rubiner—. O es usted polaco, o es judío, o un estafador.

—Me gustaría replicar a esta respetable dama —dijo un hombre con una barbita negra y rizada—. Nosotros, los judíos alemanes, defendemos activamente al káiser. Hemos organizado una colecta en apoyo del ejército alemán. Mi hijo se ha alistado voluntariamente. Nosotros, los alemanes de religión judaica, estamos dispuestos a actuar por el bien de nuestra patria germana, en nombre del patriotismo alemán.

—¿Dónde está su patriotismo? —preguntó Rubiner—. ¿En el corazón o en el bolsillo?

—Hay que echarlo del tranvía —propuso un pasajero—. No hay sitio para los antipatriotas en un tranvía alemán.

—Señores —el revisor se dirigió a Shagal y Rubiner—, les ruego que abandonen el tranvía.

—Pero si hemos pagado el billete —dijo tímidamente Shagal—; señores, voy con el tiempo justo a la estación.

—¡A callar! —exclamó de repente un pasajero con la cara colorada—. ¡A callar! ¡Cerdo borracho!

—Revisor —dijo una señora—, está prohibido viajar borracho en tranvía.

—Estos extranjeros se merecen una bofetada —propuso flemáticamente un pasajero que no había intervenido hasta entonces.

Unos soldados que pasaban por allí cerca entonaron una canción:

—*In der Heimat, in der Heimat, da gibt's ein Widersehn…*[83]

Tras dejar atrás un cruce, los soldados siguieron marchando en paralelo al tranvía.

—Bájense de inmediato —dijo el revisor, taladrando con los ojos a Rubiner y a Shagal.

Shagal, inclinado bajo el peso de las maletas, se dirigió a la salida. Rubiner fue tras él.

—*In der Heimat, in der Heimat, da gibt's ein Widersehn* —cantaban los pasajeros, el revisor y el conductor, acompañando a la tropa. El tranvía cantarín se alejó.

83. «En la patria, en la patria, allí nos volveremos a encontrar»: versos del estribillo de una popular canción de soldados alemana.

—¿Por qué ha discutido con esa gente? —preguntó Shagal irritado.

—¿Qué quería? ¿Que me quedara callado? ¿Y mis principios? Yo soy pacifista.

—Por culpa de su pacifismo ahora tengo que gastarme el dinero en un coche de alquiler —dijo Shagal.

Alemania quedó atrás. Por delante se extendían los campos de la Polonia austriaca, después los de la Galitzia austriaca. Aquí también había muchos soldados, si bien los austriacos, con sus cortos capotes azules y sus altos quepis, no parecían tan molestos. Las impresiones de Berlín se fueron difuminando poco a poco por el camino, especialmente porque Shagal viajaba en el mismo vagón que Vivienne, una linda francesa. Estaban tomando té con galletas, que les había traído el encargado.

—¿Qué me aguarda en Rusia? —decía Vivienne—. Un país extraño, desconocido, una gente extraña, unas costumbres extrañas.

—A las mujeres guapas como tú os aguarda lo mismo en todas partes —dijo Shagal.

—¡Ay, qué tunante! —se reía Vivienne—. Mi novio me espera en París.

—Y yo tengo novia en Vítebsk.

—¿La quieres?

—No lo sé, llevamos mucho tiempo sin vernos. Puede que ahora sea la prometida o la mujer de otro, y que nuestro romance haya terminado para bien.

—¡Hay que ver cómo sois los hombres! Nunca puede una confiar en vosotros. Estoy segura de que tu novia te espera.

—¿Por qué estás tan segura? No la has visto en tu vida.

—Pero te veo a ti, y eso es suficiente para el olfato de una mujer. Eres atractivo, tienes un pelo tan suave. —Vivienne le acarició el pelo—. Eres muy bueno, todavía no te has echado a perder. Ni siquiera sabes besar como es debido.

—Claro que sé —dijo Shagal y, echándose hacia delante, la besó torpemente, derramando el té.

—Ya te decía yo que no sabes —dijo Vivienne y, tirando de él, lo besó en los labios.

—¡Señoras y señores, Varsovia! —anunció el encargado del vagón, mientras recorría el pasillo.

—Varsovia… ¿eso ya es Rusia? —preguntó Vivienne.

—Es Polonia —dijo Shagal—. ¿No oyes cómo la gente grita *psiakrew* en el andén? En Rusia gritan otras cosas.

—Me han dicho que Rusia es básicamente asiática —dijo Vivienne—; que allí los maridos azotan con el látigo a sus mujeres.

—Bueno, a ti no te van a azotar —dijo Shagal—. Ese senador de San Petersburgo para el que vas a trabajar de institutriz es posible que te moleste, pero no te va a azotar.

Hacía ya un buen rato que el tren había dejado atrás Varsovia. Avanzaban entre campos, boscajes y apartaderos, con carros detenidos junto a las barreras.

—¿Esto ya es Rusia? —preguntó Vivienne.

—Puede ser. Yo apenas conozco Rusia.

—¿Es que Rusia no es tu patria? —preguntó Vivienne.

—He nacido en Rusia, pero no sé si es mi patria.

—Y ¿dónde está tu patria?

—Muchas veces me pregunto dónde está mi patria. ¿Estará mi patria en el Louvre, en la sala redonda de Veronese, o en las salas donde cuelgan los cuadros de Manet, Delacroix y Courbet? Cuando pienso en Europa y en Rusia, en mi fantasía esta se parece a la cesta de un globo aerostático que se va encogiendo cada vez más. Todavía flota sobre la tierra, pero acabará cayendo inevitablemente. Así es también como veo el arte ruso. Cada vez que lo tengo presente en mis pensamientos o que me refiero a él en una conversación, empiezo a experimentar el mismo sentimiento turbio y confuso, lleno de amargura y de rabia, que cuando pienso en Rusia. Se diría que sobre Rusia, y también sobre el arte ruso, pesa una especie de maldición: siempre va a remolque de Occidente. Pero si los artistas rusos han sido condenados a ser discípulos de Occidente, en mi opinión, son unos discípulos no demasiado aplicados, y eso está profundamente arraigado en su naturaleza. En comparación con el realismo de Courbet, pongamos por caso, el realista ruso más brillante transmite una sensación de torpeza. Y, si comparamos el impresionismo ruso con el impresionismo de Manet o de Pissarro, sencillamente nos sentimos desconcertados. En París, en el Louvre, he comprendido que, si alguna vez mis cuadros son reconocidos, será necesariamente en Europa. Solo delante de los cuadros de Manet, de Millet y de otros artistas he llegado a comprender por qué mis vínculos con Rusia son tan frágiles, por qué a los rusos les resulta tan ajeno e incomprensible mi lenguaje, por qué no confían en mí en el país donde nací, por qué no me han reconocido los círculos artísticos, por qué soy en Rusia como la quinta rueda de una telega. Todo lo que hago a ellos les parece extraño, y todo lo que hacen ellos a mí me parece superfluo. No me apetece seguir hablando de esto. Yo amo Rusia.

—¡Eh, la maleta! —exclamó Vivienne. Desde el techo del vagón, alguien intentaba atrapar con un gancho la maleta de Shagal.

—Esta sí que es ya mi tierra natal —dijo Shagal y, agarrando la maleta, la soltó del gancho del ladrón.

—Una tierra terrible —dijo Vivienne—. Aquí la gente es desdichada, ¡igual que tú! ¿A qué vienes a un país como este si nadie te ha ofrecido un buen trabajo?

—Voy a Vítebsk, mi ciudad natal. No sé si es Rusia o no lo es, pero se trata de mi ciudad natal. Una ciudad con una docena de sinagogas, una ciudad con carnicerías y transeúntes. Si se pudiera trasladar por los aires el Louvre desde París hasta Vítebsk… Sé que en Vítebsk voy a añorar París, igual que en París añoraba Vítebsk. Aquí está mi ciudad, que he vuelto a encontrar. Regreso a Vítebsk con el corazón encogido.

El tren entró en la estación de Vítebsk. Mark y Vivienne se dieron un beso y un abrazo de despedida.

Shagal se detuvo delante de un edificio lleno de letreros: el hotel Tívoli, la cafetería Alberta, la joyería de los Rosenfeld. Entró en el portal y llamó. Le abrió el portero.

—¿Por quién preguntas? —preguntó, examinando al individuo y los objetos con los que cargaba. Salió el padre de Bella, con la leontina de oro sobre la enorme barriga. Por la puerta entreabierta se oían las notas de un violín: alguien estaba tocando escalas.

—Su cara me suena —dijo el padre de Bella, fijándose en Shagal—, pero la ayuda a los necesitados la prestamos a través de la sinagoga. Tenga un rublo, en cualquier caso.

—Lo acepto como un recuerdo —dijo Shagal—. He venido a pedir la mano de su hija.

—¿De Bella? —Estalló en una carcajada—. Es una situación muy conmovedora. Y ¿usted quién es?

—Soy Mark Shagal.

—Ya me acuerdo. Creo que su padre trabaja de cargador en la fábrica de muebles.

—No, en el almacén de arenques. Todavía no he pasado por casa, acabo de llegar en tren.

—Ya veo… Sin duda, la gente joven es muy dada a toda clase de fantasías, pero tiene usted que comprender que todas esas fantasías son inconstantes. Y, entre nosotros, ¿por qué tiene usted tanta prisa en comprometerse? Ya tendrá tiempo para casarse. Lo más importante para un hombre joven es tener los pies en la tierra, para poder así mantener a su familia. ¿Le molesta que le hable con tanta franqueza?

—En absoluto, *rebbe* Rosenfeld, le entiendo. Mis orígenes no son los más apropiados para su familia. Mi padre es un humilde trabajador; usted, en cambio, es dueño de tres joyerías donde brillan y relumbran en todo su esplendor anillos y sortijas, hebillas y brazaletes, y donde resuenan relojes y despertadores. Es posible que tenga razón. ¿Qué hace un pobretón como yo relacionándose con gente tan distinguida? Yo estoy habituado a un estilo de vida totalmente distinto, mientras que en su casa se elaboran tres veces por semana unas colosales tartas de manzana, de *tvorog*, de amapola. Al lado de esas maravillas, los desayunos en casa de mis padres parecen unas modestas naturalezas muertas al estilo de Chardin.[84]

—Usted se refiere a Shardmann —le corrigió Rosenfeld con suavidad—, el propietario de la carnicería… El hijo de Shardmann, en efecto, pretendía la mano de Béllochka.

—No, no, Chardin, me refiero a Chardin…. Deme un vaso de agua.

84. Jean Siméon Chardin (1699-1779), pintor francés, célebre por sus naturalezas muertas y sus pinturas de género.

—Tráele *mors*[85] de arándanos —le dijo el padre de Bella a un criado—. Viene usted cansado del viaje y está un tanto excitado —se dirigió a Shagal—; vuelva dentro de unos días, con la cabeza fría. Será lo mejor para usted, para Bella y para todos.

El criado le sirvió un vaso de *mors* frío. Shagal se lo bebió de un trago y se dirigió a la salida. Se entreabrió una puerta, y Shagal vio a Bella reflejada en un espejo: estaba tocando escalas en el violín.

Una luz azul, procedente de una colina coronada por una iglesia, penetraba en el cuarto. Era un cuarto pequeño, con cuadros en las paredes, una sola silla, una mesa coja y una cama de hierro. Bella estaba tumbada en la cama, desnuda, y Mark la dibujaba.

—Esta habitación me recuerda a la Colmena de París —dijo Mark—, solo que esta es más limpia, porque Bella está aquí.

—Basta con abrir los periódicos para darse cuenta de que no estamos en París —dijo Bella, y recogió los periódicos que estaban tirados en el suelo, al lado de la cama—. Escucha lo que dicen. El gran príncipe Nikolái Nikoláievich, comandante en jefe del ejército ruso, exige expulsar a los judíos de Rusia en veinticuatro horas, o llevarlos al paredón, o ambas cosas. Los periódicos culpan a los judíos de la derrota del ejército ruso. Todos los judíos son espías alemanes.

—En estos tiempos no hay manera de pintar —dice Shagal—. Si no fuera por ti, mi pintura se volvería completamente anodina.

—La ciudad está plagada de desertores —dijo Bella—; mis padres quieren cerrar las joyerías por un tiempo y ocultar los objetos más valiosos. Se habla de un posible pogromo.

De noche unos disparos despertaron a Shagal. Bella se volvió, preguntó medio dormida:

—¿Están disparando?

—Todas las noches hay disparos… Duérmete.

Bella se dio la vuelta y se durmió. Aquella noche estaban disparando, y lo hacían con más frecuencia y dureza que otras noches.

---

85. Bebida tradicional rusa, confeccionada a base de zumos de bayas.

Shagal se vistió y salió a la calle. Caía una nieve dispersa y punzante. Las farolas no estaban encendidas, pero la luna brillaba intensamente. A lo lejos se oían disparos, gritos y canciones de borrachos. Un hombre pasó corriendo y exclamó asustado:

—¡Hay un pogromo en la ciudad!

Shagal se dirigió al centro. Al pasar junto a un puente vio cómo unos desharrapados arrojaban al río helado a un individuo bien vestido que chillaba como un descosido. Soldados y marineros recorrían las calles armados hasta los dientes. Entre ellos había también artesanos y campesinos, algunos con hachas, otros con palos. Al frente de la multitud, montado en una *tachanka*,[86] marchaba un marinero de negros bigotes; tocaba el acordeón y cantaba:

> Se extiende el mar alrededor, y en la distancia se encrespan las olas;
> vamos muy lejos, camaradas, más allá de esta tierra pecadora…

Como acompañando la canción, cada cierto tiempo el ametrallador disparaba ráfagas en distintas direcciones. Subido en la *tachanka*, junto al marinero, había un mozalbete, poco más que un niño, con una *papaja*[87] de soldado y un capote que no era de su talla; tenía la cara colorada y los ojos alegres.

—¡Ahí va un judío! —gritó divertido, con voz sonora, al ver a Shagal, y saltó de la *tachanka*—. ¿Puedo dispararle?

—¡Espera! —dice el marinero, y se dirige a Shagal—: ¿Judío?

—Yo… yo… no, no… —farfulla Shagal.

—¡Mientes, Moisha! —se burla el chaval—. ¿Puedo clavarle la bayoneta?

—Espera —repite el marinero, y le pregunta a Shagal—: ¿No quieres morir?

—No… no… no quiero… Soy pintor… Me parece que vivimos juntos en San Petersburgo, esos bigotes negros…

—¡Así que me conoces! —dice divertido el marinero—. Y ¿cómo me llamo?

86. Vehículo abierto, tirado por caballos y armado con una ametralladora posterior.

87. La *papaja* (o *kubanka*) es un gorro alto y redondo de lana o piel (generalmente de oveja); originario de los pueblos del Cáucaso y de Asia central, fue adoptado por los cosacos como parte de su atuendo tradicional.

—Se… se me ha olvidado.

—Ponte en ese árbol y haz memoria. Si te acuerdas, lo mismo te dejo marchar. Si no te acuerdas, como comprenderás, estás perdido… ¡A este por ahora no lo toquéis!

Traen a rastras a un anciano.

—Soy ortodoxo —balbucea el anciano. Se acerca corriendo el chaval y según llega le propina un culatazo en la cabeza.

—¡Ay, saco de tripas! —dice el campesino—. Mira, me ha puesto los peales perdidos de sangre.

—Vas demasiado deprisa —dice el marinero—; sí que es ortodoxo, lleva una cruz encima.

—¡Ha sido sin querer! —se burla el mozalbete.

—¿Te has acordado? —le pregunta el marinero a Shagal, que se siente morir.

—S… Stepán —dice Shagal.

—¡Falso! —dice entre risas el marinero—. ¡Ay, sinvergüenza! La gente honrada vive en la mar, y en tierra reside la canalla. Procura acordarte: como no te acuerdes, prepárate.

Se oyen gritos y estrépito de cristales.

—¡Esos sí que le están dando un buen repaso al patrimonio de los judíos! —bromea el campesino.

—Diles a tus hombres —ordena el marinero— que las cosas de cierto tamaño… los armarios, los baúles, las camas… no las vayan a romper. Irán a parar a manos del pueblo. Los objetos pequeños, sin valor, que los hagan añicos. De ahí vienen todas nuestras desgracias.

Se presentan unos soldados, tirando de un hebreo.

—Hemos cogido a este judío —dice un soldado—, parece que canta en la sinagoga…

—¡Venga, canta! —dice el marinero y estira el fuelle del acordeón—. *Kalinka-malinka, malinka moiá…* Canta.

—*Kalinka-malinka…* —empieza con voz trémula el cantor.

—Cantas que da pena.

—Yo, señor marinero, solo sé cantar oraciones.

—Pues nada, canta una oración.

Bajo las notas de la oración prosigue el pogromo. Se oyen disparos, caen algunos cuerpos.

—¿Ya te has acordado? —le pregunta el marinero a Shagal.

—Iván —murmura Shagal.

—¡Falso! —se burla el marinero—. Me llamo Vakula. Y nunca he estado en San Petersburgo, he servido en el Amur, de fogonero en un barco de guerra. De todos modos, artista, no es mala idea esa de hacerte el loco en los momentos de peligro. También a mí me ha sacado de algún apuro esa costumbre… Corre a casa y cámbiate de pantalones. —Y en ese mismo instante le larga un culatazo con el máuser, en toda la cara, a su siguiente víctima.

Bella, nerviosa y afligida, esperaba en casa a Shagal.

—Ya estaba a punto de salir a buscarte…

—Solo faltaba eso —replica Shagal, pálido y tembloroso.

—¿Por qué has tenido que ir tú?

—No sé… Sentía curiosidad… Quería ver un pogromo de cerca. —Se echó en brazos de Bella y empezó a sollozar.

—Vamos, vamos —dice Bella, también llorando—; vamos, voy a lavarte… Voy a calentar agua…

—Para ser sinceros, no tengo ganas de ir a San Petersburgo —dice Shagal, algo más calmado—; pero ¿adónde puedo ir? ¿Al frente? Y ¿qué voy a hacer yo en el frente? ¿Contemplar los campos, los árboles, el cielo? ¿Mirar las nubes? ¿La sangre, las tripas de la gente? ¿Respirar los olores del frente? El tabaco, los piojos, los paisanos calzados con *lapti*[88] comiendo y apestando. Y nadie tiene necesidad de mí, ni tan siquiera me han matado los que participaban en el pogromo. A mí no se me puede tomar en serio, no valgo ni como víctima. Si hasta tengo poca carne. Y mi tono de piel: las mejillas rosadas, las ojeras. ¿Qué clase de soldado iba a ser?

—Mi hermano trabaja en la comandancia de San Petersburgo —dice Bella—; puede colocarte de escribiente.

—Tienes razón, mujer —dice Mark, metiéndose en el barreño que le ha llevado Bella—, tú prefieres las grandes ciudades y la cultura. ¡Cuántos disgustos te doy! Pero personalmente nunca acabaré de

---

88. Los *lapti* (*lápot* en singular) son una especie de alpargatas tradicionales rusas, fabricadas con fibras trenzadas de corteza de tilo, abedul u olmo.

entender por qué la gente se afana por vivir apretujada, en el mismo sitio, si más allá de los límites de la ciudad, a derecha e izquierda, hay kilómetros y kilómetros de espacio desierto. Lo feliz que sería yo en un agujero cualquiera, en algún escondrijo, allí sí que estaría a gusto. Me instalaría en la sinagoga y me dedicaría a mirar alrededor.

—Y ¿de dónde sacarías una sinagoga en el campo?

—Vale. Me sentaría en un banco a la orilla del río. Sin más… Aunque siempre podría ir de visita a casa de alguien, si hubiera buena gente viviendo por allí… Canudo, Walden, Rubiner… Pero esos están lejos, más allá de la línea del frente, allí donde se han quedado retenidos mis cuadros… Berlín está lejos, París está lejos también… Ahora todo está lejos. Solo los cañonazos en Sébezh,[89] en Moguiliov,[90] solo los soldados en las trincheras, solo los pogromos… solo eso está cerca. Pero tengo una petición para el señor y káiser alemán. Le imploro a Guillermo: ya tienes bastante con Varsovia y con Kaunas,[91] no te metas con Vítebsk. Es mi ciudad natal. Quiero pintar cuadros aquí. Los rusos se baten a la desesperada, pero para alegría de Guillermo no saben guerrear. No van a ser capaces de rechazar al enemigo. Y los que van a pagar las consecuencias son, como siempre, los judíos. ¿Sabes, Bella?, a veces me entran ganas de eliminar a los judíos de mis cuadros y de ocultarlos en un lugar seguro.

Bella le dio una toalla de felpa y dejó en la mesa un vaso de té con confitura de fresa. Mark se secó, bebió el té y, agotado, se quedó dormido.

San Petersburgo, barrido por el viento húmedo. Muchos mendigos con sus talegas. Hay colas en las panaderías. En los baños públicos, los vigilantes comprueban los pases. Los soldados, acompañados por sus mujeres o sus amigas, entran provistos de escobas de abedul.

---

89. Localidad rusa situada en el *óblast* de Pskov, cerca de las fronteras con Letonia y con Bielorrusia.

90. Moguiliov (*Mahilioŭ* en bielorruso) es una importante ciudad del este de Bielorrusia, situada a unos 165 km al sur de Vítebsk.

91. Tanto Varsovia como la ciudad lituana de Kaunas, pertenecientes al Imperio Ruso, habían sido conquistadas por las tropas alemanas en el verano de 1915.

—Yo no paso —le dice Bella a Shagal—; me da miedo y vergüenza entrar en estos baños.

—Pues entonces se van a desperdiciar los talones —dice Shagal—; con los talones te entregan el jabón para el baño.

—Es una vergüenza entrar en estos baños —dice Bella.

—En la Rusia actual no es ninguna vergüenza, sino un honor y un privilegio. Lee el anuncio que hay en la puerta: «Se prohíbe la entrada a los baños a las personas de origen noble». Ya lo ves, ahora pertenecemos a la clase alta. Lenin ha cambiado en Rusia lo que está arriba y lo que está abajo, igual que he hecho yo en mis cuadros.

—¡Shagal! —llama el encargado de los baños.

—¡Presente! —responde escuetamente, al modo militar, Shagal, vestido con un viejo capote de soldado sin trabilla.

—¿Tiene la autorización?

—Aquí está… Para mi mujer y para mí.

—Dos pedazos de jabón… Adelante.

En los pasillos del Narkompros,[92] como en todas las instituciones soviéticas, había un enorme guirigay. La gente, enarbolando sus papeles, se echaba encima de cualquiera que vistiese una cazadora de cuero. Tras varias tentativas, Shagal buscó un sitio apartado del gentío, se sentó en un banco, mordisqueó un pedazo reseco de pan negro que había guardado y se quedó dormido, presa del cansancio. Un ángel con un rostro sorprendentemente familiar descendió de las alturas y le dijo:

—Shagal, usted aquí es un incomprendido. Es usted un alma noble, un hombre honesto, elevado. Pero llegará su momento, y el mundo entero reconocerá en usted a un gran artista.

—Le agradezco en el alma esas palabras —dijo Shagal.

—Considero un honor estrechar su noble mano…

—¡Camarada Shagal!

Mark abrió los ojos. Delante de él estaba Lunacharski, sonriente.

—Me alegro de verle, Anatoli Vasílievich. Estaba tan cansado que me he quedado dormido y he soñado con un ángel que me daba ánimos. Pero le confieso, Anatoli Vasílievich, que en estos

92. Acrónimo del *Narodny komissariat prosveshchenia* (Comisariado del Pueblo para la Educación).

momentos necesito que me den ánimos no solo las potencias celestes, sino también las terrestres… Y usted, Anatoli Vasílievich, está ahora entre las potencias terrestres…

—Pues sí, ¡menuda potencia! —Lunacharski se echó a reír, y le destellaron los anteojos—. Vamos a mi despacho.

Lunacharski guía a Shagal por pasillos desiertos y tranquilos, vigilados por guardias taciturnos.

—El caso es que hay gente ensayando en mi despacho —dice Lunacharski—, los actores están perfilando el texto… Es una obra de aire bíblico, algo del estilo del final de Sodoma. Un rey que está enamorado de su hija.

—Alguna vez he visto, no sé dónde, una obra parecida.

—Es uno de esos argumentos errantes. Pero yo lo planteo de un modo muy distinto. Nosotros, los marxistas, no necesitamos el teatro realista, basado en la vida cotidiana, el teatro de las mezquinas ideas de la pequeña burguesía. Lo que necesitamos son lienzos de gran tamaño y belleza. Porque el marxismo es también romanticismo.

—Tal vez —dijo Shagal—, pero mis nociones de marxismo se limitan al hecho de que Marx era judío y tenía una gran barba blanca. Pero no conozco las ideas marxistas, la moral marxista.

—¿Qué es la moral? —dijo Lunacharski, deteniéndose en medio del pasillo—. ¿A qué moral se refiere? ¿A la moral que se predica en las iglesias, en las sinagogas, en las mezquitas? Mientras los honorables clérigos predican la moral de la burguesía, grande y pequeña, no hay ciudad donde no florezcan las casas de tolerancia y la embriaguez, y en el centro de todas las ciudades se encuentra el templo del lucro: la Bolsa. Nosotros, los marxistas, estamos decididos a acabar de una vez por todas con semejante moral. También a la mujer la burguesía la mira como a una propiedad, hipócritamente. Seducir a mi mujer es un delito espantoso, pero, si yo seduzco a la tuya, ¡eso ya no está tan mal! —Lunacharski se echó a reír—. Vamos…

Shagal y Lunacharski entraron en el despacho. Había allí un gran escritorio y una mesa de comedor más pequeña, a la que estaban sentados un hombre corpulento, de pelo gris, y una mujer joven, tomando una sopa de patatas. A Shagal se le iba la cabeza con el olor de la sopa.

—Les presento —dijo Lunacharski—; el artista del antiguo Teatro Imperial, Andréi Petróvich Shuválovski, y la artista Anna Kárlovna Ostroúmova. Y este es el admirable pintor Mark Zajárovich Shagal.

—Es un placer —dijo Shuválovski con una sonrisa, sin dejar de tomar sopa.

—Las actuales clases explotadoras —dijo Lunacharski—, y en primer lugar la burguesía, que devora insaciable en sus fábricas a los hijos de los trabajadores, han prescindido de los vestidos coloristas que llevaban desde los tiempos del Renacimiento y los han sustituido por las chaquetas negras y grises, y las camisas blancas, afectando modestia. —Lunacharski se echó a reír—. En mi obra intento vestir de nuevo a estos explotadores y libertinos con sus viejos ropajes feudales… —Sonó el teléfono. Lunacharski cogió el aparato—: Sí. ¿Es usted, Féliks Edmúndovich?[93] Estaré allí sin falta… Ahora tengo una reunión importante… Por cierto, ¿qué hay de la lista que le entregamos a Gorki? Muy bien, se lo agradezco. Hasta la vista.

Y colgó.

—Estamos listos —dijo el actor, rebañando con esmero el plato con un pedazo de pan.

—Vamos a empezar —dijo Lunacharski—. Así pues, tenemos al rey y a su hija, por la que arde con un amor reprobable. El rey se acerca y coge a su hija del brazo, por encima del codo.

—¿Y si el mismísimo arzobispo te casara en la catedral? —declamó Shuválovski.

—Padre mío, es indecente escuchar semejantes palabras. Deberíais tener consideración del pudor de una hija. ¡Oh! ¡De qué forma insólita habéis ofendido mi amor con una broma tan, tan insidiosa como esa! —Ostroúmova rompió a llorar haciendo uso de su técnica.

Entró la cantinera con una bandeja, recogió los platos vacíos y dejó dos cuencos humeantes llenos de *kasha* de alforfón, con sendas cucharas de madera.

---

93. Féliks Edmúndovich Dzerzhinski (en polaco, Dzierz̕yn´ski, 1877-1926), dirigente bolchevique de origen polaco, conocido por su labor al frente de la Checa encargada, desde diciembre de 1917, de la lucha contra la resistencia y el sabotaje contrarrevolucionario.

—Blanca, no estoy bromeando —dijo el rey con una voz trémula que no parecía la suya, mirando involuntariamente, por encima del hombro de su amada, a la *kasha* humeante—; te quiero, te quiero.

—¡Dios mío, habéis perdido el juicio! —exclamó Ostroúmova—. ¡Oh, Dios, es terrible! Estoy aterrada.

—¿Qué le pasa, camarada Shuválovski? —preguntó Lunacharski—. ¿No se encuentra bien?

—Este hombre —dijo Shuválovski, señalando con un dedo tembloroso a Shagal— se está comiendo mi *kasha*.

—Disculpe —dijo Shagal con la boca llena, tragándose a toda prisa la *kasha*—, lo he hecho de forma totalmente inconsciente, fascinado por su interpretación… Nunca me ha gustado la *kasha* de alforfón. Me parecía la comida más repugnante del mundo. Solo de pensar que pudiera tener en la boca unos granos que parecen cabezas de cerillas se me llevaban los demonios. —Y retiró el plato.

—Acábeselo —dijo Lunacharski—. La culpa es mía, ahora mismo pido una tercera ración.

—Y, si es posible, Anatoli Vasílievich —dijo Shagal—, que me traigan un plato de sopa de patata. Desde niño me encanta la sopa de patata. Pero no quiero molestarles. —Cogió el cuenco con la *kasha* de alforfón y se acercó a la ventana. La gigantesca plaza estaba hasta arriba de gente. Empezaba un mitin.

—No grites —declamó patéticamente Shuválovski—, o te encerraré en una apartada mazmorra bajo tierra, ¡no verás la luz! Recuerda lo que te he dicho: someterse a ciertos deseos en este mundo trae la felicidad, oponerse supone la perdición…

En la plaza, la multitud saludaba a gritos al orador de barba oscura y gafas.

—Estoy convencido de que usted podría montar admirablemente este espectáculo —le decía Lunacharski a Shagal mientras recorrían el pasillo. Llegaron a una puerta, detrás de la cual se oía una extraña cacofonía, como si varios pianos estuvieran interpretando diferentes músicas—. Aquí hacen los exámenes para el conservatorio nuestros talentos populares.

Efectivamente, en el cuarto había tres pianos, y en cada uno de ellos tocaban una música diferente, y en un rincón había alguien cantando con voz de bajo.

—Para mí hay un poco de ruido —dijo Shagal—, le espero al aire libre.

—¿Cuándo pasaremos página en la historia? —se preguntaba Lunacharski, arrellanándose en el asiento trasero del automóvil, al lado de Shagal—. Pasaremos página en la historia cuando una nueva clase nos traiga una nueva mirada sobre las leyes, una nueva praxis política, una nueva moral. Entonces podrá decirse: lo razonable se vuelve absurdo; lo beneficioso, dañino.

Había unos centinelas apostados junto a un edificio macizo con rejas en las ventanas. Lunacharski y Shagal recorrieron un húmedo pasillo, llegaron a unas escaleras herrumbrosas y bajaron al sótano, débilmente iluminado por unas farolas empañadas. Detrás de unas rejas oxidadas aguardaba una multitud; sus pies chapoteaban en el agua helada. Al ver a Lunacharski, muchas personas se abalanzaron sobre las rejas, empujándose unas a otras.

—A ver, burgueses —gritó un guardia—, ¿quién quiere *kasha* de plomo?

—Traigo una lista con una decena de nombres —dijo Lunacharski.

—Hay que informar a la comandante —dijo el guardia—. Camarada Sofia, la buscan.

Se acercó una mujer con cazadora de cuero; llevaba un máuser enorme en el costado y un cigarrillo aplastado en el extremo de la boca.

—Aquí le tenemos otra vez, Anatoli Vasílievich, dispuesto a sacar de un apuro a los burgueses —dijo, con un brillo malicioso en los ojos.

—Humanismo revolucionario, Sofia.

—¿Trae algún documento? —Lunacharski le tendió un papel—. Muy bien, vaya nombrándolos. Y a este ¿qué le pasa? —dijo mirando a Shagal.

—Este viene conmigo. —Lunacharski se sonrió—. ¿No sabes quién es, Sonia?

—No. Aquí hay muchos listos como este.

—¿Se puede saber por qué la tienes tomada con los listos, Sonia? —preguntó Lunacharski—. ¿Prefieres a los tontos?

—¿Para qué matar a los tontos? Es a los listos los que hay que matar, para que no nos compliquen nuestra vida sencilla.

—¿Has reconocido a Sonia, de la Colmena? —le preguntó Lunacharski a Shagal—. Es mi discípula, y estoy orgulloso de ella, a pesar de todos sus excesos. Y este es Shagal. ¿No te acuerdas de él, Sonia?

—Ahora ya sí —dijo ella, en un tono más suave.

—A usted, Sonia, cuesta reconocerla —dijo Shagal.

—No es que yo haya cambiado, es que el mundo ha cambiado —dijo Sonia—. Ya lo ve, aquel que lo era todo ahora ya no es nadie.

—La actriz Ustiúgova, el ensayista Borgheim, el pintor Ozhoguin… —Lunacharski fue llamándolos.

—Muy bien —dijo Sonia con furia, mirando a los liberados—, ¡largo de aquí, hijos de perra! Dad gracias a vuestro Dios por nuestra bondad revolucionaria.

—Anatoli Vasílievich —gritaban desde el grupo de detenidos—, señor Lunacharski, soy el Privatdozent Nersésov. Nos conocimos en Kiev…

—Informe de que el profesor Idelson y el profesor Zheleznovski protestan por su detención…

—Anatoli Vasílievich, soy Budúnov-Budzyński…

Lunacharski abrió los brazos en un gesto de buena voluntad. De pronto, un individuo desgreñado, con una espesa cabellera gris, apartó a un guardia de un empujón y echó a correr por las escaleras resbaladizas.

—¡Dígale a Gorki —gritó desesperadamente— que han detenido a Lunkov! A Lunkov. ¡Aquí fusilan a gente inocente!

Haciendo un brusco movimiento en corto, Sonia le propinó un rodillazo en las ingles a Lunkov. Este, encogiéndose de dolor, rodó escaleras abajo. Shagal volvió la vista.

Iban callados en el automóvil.

—Gorki —dijo finalmente Lunacharski—; voy a llevarle a ver a Gorki. Ahora mismo está indispuesto, pero seguro que nos recibe. —Shagal no replicó—. Desde luego, toda transformación profunda está asociada a la exageración, a los excesos. Piense en la historia de cualquier sociedad. El Estado, en opinión ·de Marx, consiste en la violencia orgánica ejercida sobre los subordinados.

—Pero ¿es posible lograrlo todo por medio de la violencia? —preguntó Shagal—. No en vano en las Sagradas Escrituras hay una frase que dice que lo deseable es que el servidor no nos sirva movido por el temor, sino por su conciencia.

—Precisamente —dijo Lunacharski—, las clases explotadoras siempre han procurado convertir la conciencia en una policía moral. Teniendo en cuenta, sobre todo, que para ellas la conciencia equivale a trabajar hasta la extenuación, sufrir y esperar la recompensa más allá de la tumba. Las ventajas de la conciencia consisten en que, estando ella presente, no hace falta vigilar a nadie. La conciencia es el ojo insomne de la policía, que nos enseña que existe un Dios que todo lo ve y un alma invisible. Pero nuestra nueva moral proletaria sustituye la conciencia, otorgada por la misericordia divina, por el deber revolucionario. Hemos encontrado un camino completamente distinto al que preconizaba Dostoievski, y con él toda la moral burguesa. Rechazamos esa vía, según la cual la conciencia atormenta al alma culpable.

—Pero, entonces, ¿cuál es su camino? —preguntó Shagal.

—Un camino en virtud del cual el juez de una acción, la que sea, no es el individuo, sino la sociedad, toda la sociedad.

En una amplia estancia, con paredes empapeladas de rosa y molduras en el techo, que parecía haber sido anteriormente el dormitorio de un comerciante, Gorki se encontraba acostado, rodeado de secretarios, gargajeando tan pronto en la escupidera como en el pañuelo. Shagal estaba sentado en un mullido sillón que le habían ofrecido y procuraba no fijarse en los cuadros de mal gusto que decoraban los muros.

—Permítame que le presente, mi respetado y siempre querido Alekséi Maksímovich —decía Lunacharski—, como alguien que colecciona y aprecia la nueva cultura revolucionaria, a este talento innato llamado Mark Shagal.

—Ya me ha hablado de él Issay Dobrowen,[94] dice que es un violinista de mucho talento.

—No, yo soy pintor —dijo Shagal.

—Es un pintor de mucho talento —dijo Lunacharski—; antes de la revolución yo ya había publicado un artículo sobre sus cuadros en un periódico de Kiev.

—Sí, sí, ya me acuerdo —dijo Gorki—; es usted uno de esos decoradores y escenógrafos.

—No, yo prefiero los cuadros independientes.

—Sé que todo pintor tiene unos colores favoritos. ¿Cuáles son los suyos?

—El lila y el rosa.

—Son colores muy individualistas. Los colores del pesimismo. Personalmente prefiero el rojo y el azul.

—Ya me había dado cuenta —dijo Shagal.

—¿Cómo? —preguntó Gorki sorprendido.

—Por los cuadros que cuelgan de estas paredes.

—¿No le gustan?

—No es mi arte.

—Y la revolución ¿le gusta? —preguntó inesperadamente Gorki.

—Considero que la revolución podría llegar a ser algo grandioso si preservara el respeto mutuo entre las personas —dijo Shagal.

—Acabamos de estar en la prisión —dijo Lunacharski—; de ahí, evidentemente, ese tono tan pesimista en Mark Zajárovich.

—¿Ha ido con la lista? —preguntó Gorki.

—Sí, Alekséi Maksímovich. Pero Dzerzhinski la ha dejado en menos de la mitad. Para ser más exactos, ha recortado dos tercios de la lista. Solo han puesto en libertad a diez personas.

Gorki suspiró.

—La realidad rusa no es la medicina que puede curar a un joven de su pesimismo. Pero de todos modos hay que trabajar. Tenemos que hacer nuestra tarea.

—Mark Shagal no es marxista —dijo Lunacharski—, pero es

94. Issay Dobrowen (1891-1953), pianista, compositor y director de orquesta, amigo de Maksim Gorki; abandonó la Unión Soviética en 1922 y años después adoptó la nacionalidad noruega.

un hombre decente y talentoso. Quiero enviarlo a su Vítebsk natal como comisario de artes.

—Es una buena idea —dijo Gorki—; por cierto, tengo un proyecto interesante, elaborado por Lunkov, relativo a la creación en todas las ciudades importantes de academias de pintura, museos, conservatorios, agrupaciones literarias. Querido Anatoli Vasílievich, me gustaría que llamase lo antes posible a Lunkov y que le pidiera que elabore un proyecto detallado para el Narkompros.

—Lunkov está en la cárcel —dijo Lunacharski en voz baja—; Dzerzhinski lo ha tachado de la lista.

Gorki empezó a toser, gargajeó en la escupidera, después en el pañuelo.

—Karp Timoféievich —le dijo a uno de sus secretarios—, póngame de inmediato con Dzerzhinski… En estos momentos de grandes transformaciones tenemos que mostrarnos especialmente ajenos al pesimismo que intentan infundirnos las fuerzas del pasado… Todo hombre tiene el derecho y la obligación de defender sus intereses, pues no hay nada que esté por encima del hombre, todo es por el hombre. Todo es por el hombre… —Sonó el teléfono. Gorki cogió el aparato—. Sí, sí, soy yo, Alekséi Maksímovich. Preguntaba por Féliks Edmúndovich. ¿En una reunión con el camarada Lenin? ¿Tardará mucho? Llamaba a propósito del camarada Lunkov. —Gorki estuvo escuchando durante unos minutos, después colgó—. Hace cinco minutos han fusilado a Lunkov —dijo en voz baja y, volviéndose hacia la pared, se enjugó los ojos.

Lunacharski consultó su reloj de bolsillo.

—Suelen fusilar antes de la cena —dijo—; son ahora las siete y cinco.

—Alekséi Maksímovich está cansado —dijo el secretario, dando a entender que la audiencia había terminado.

—¿Dónde te habías metido? —preguntó Bella, alarmada—. Ya pensaba que te habían detenido. Yo misma he estado a punto de caer hoy en una redada en el mercado, pero al final he conseguido té de zanahoria y sémola de trigo.

—Estoy cansado y me duele la cabeza —dijo Mark—; he tenido un día muy duro. Pero ahora ya está decidido: dejamos San Petersburgo y volvemos a Vítebsk. El comisario del pueblo Lunacharski me ha destinado allí como comisario de artes.

—En lugar de pintar cuadros tranquilamente, te vas a convertir en comisario —dijo Bella.

—No solo me convierto en comisario, sino que además soy el fundador y el director de la Academia de Artes. Estoy muy contento. ¡Qué alegría!

—¡Qué locura! —dijo Bella.

—Camaradas —proclamó solemnemente Zusia—, como presidente del sindicato de peluqueros de Vítebsk tengo la satisfacción de anunciar que, a nuestra reunión sindical, que tiene lugar sin que se interrumpa la producción, asisten en calidad de clientes y de ponentes el comisario de artes Mark Shagal —aplausos— y el comisario de la Checa, el camarada Solomón Vilenski.

En la peluquería, engalanada con banderas y carteles, los clientes estaban sentados con una banda roja en el pecho, y los peluqueros, con una banda roja, les cortaban el pelo, afeitaban y lavaban la cabeza.

—Camaradas —prosiguió Zusia, mientras le enjabonaba una mejilla a Shagal—, antes de referirme a nuestros logros, quiero hablar, al modo bolchevique, de nuestros fallos. ¿Se aplican correctamente las instrucciones para luchar contra las enfermedades epidémicas de los peluqueros? No, camaradas. No hace falta ir muy lejos para encontrar ejemplos. No se debe permitir trabajar a los peluqueros que padecen enfermedades cutáneas, pero Kniazevker Fima, que tiene una erupción en la piel, ha afeitado a un cliente. Y eso mismo puede decirse de Shraiem Liova.

—Camarada presidente —dijo Shraiem Liova—, según me ha explicado un enfermero, mi erupción no es contagiosa, obedece a un consumo excesivo de rábanos.

—Le ruego que no interrumpa al orador, camarada Shraiem Liova —dijo Zusia—; más vale que preste atención a cómo hay que sacudir los cabellos de los clientes. Hay que sacudírselos con mucho cuidado, sin levantar polvo del traje. Así, ya lo ven, como le estoy sacudiendo yo ahora los pelos del traje al camarada Shagal. Camarada Dushkin Iuda, no sé a qué viene esa sonrisa. He recibido quejas de usted: me escriben que durante el afeitado les mete a los clientes los dedos sucios en la boca.

—No me proporcionan jabón —dijo Dushkin, ofendido—. Usted, camarada Lokschinson, debería estar más pendiente de las necesidades del sindicato.

—Camaradas —dijo Zusia—, dejémonos de charlas super-fluas y, como nos enseñan los bolcheviques, saquemos las debidas conclusiones de nuestros fallos. Tiene la palabra nuestro apreciado comisario de artes, Shagal.

—Camaradas —dijo Shagal—, ¡conciudadanos!, me alegro de haber regresado a Vítebsk, mi ciudad natal, en vísperas de la celebración del primer aniversario de Octubre, para poner aquí en pie una academia de artes. En lo sucesivo, todos los trabajos de pintura y rotulación se llevarán a cabo exclusivamente por mediación de nuestra Academia de Artes. Yo también entregaré todas mis pinturas a nuestra Academia de Vítebsk, a nuestro pueblo. Que mis esbozos sean trasladados a los grandes lienzos. Que los pintores, lo mismo los barbudos veteranos que los jóvenes oficiales, copien mis vacas y mis caballos. El 25 de octubre mis animales, de colores vivos y estridentes, se balancearán sobre la ciudad, sacudidos por el viento de la revolución entre los acordes de la Internacional. —Aplausos—. Estoy convencido de que los trabajadores, con sus sonrisas, demostrarán que me comprenden a mí y que comprenden mi arte.

—Camarada Shagal, le diré abiertamente, al modo bolchevique —declaró Solomón Vilenski, cuya cabeza estaba lavando el peluquero Kniazevker—, que hemos tenido serias dudas a este respecto en la reunión del *gubispolkom*.[95] ¿Por qué es verde esa vaca que ha pintado usted, camarada Shagal? ¿Por qué vuela por los cielos un caballo? Yo soy hijo de un modesto carretero, he crecido entre caballos. Todo eso, camarada Shagal, son fantasías burguesas. ¿Cómo se permite esas cosas? ¿Qué tienen que ver con Lenin y Marx? Hablando de Marx: sé que ha venido usted a nuestra ciudad con un importante cometido; pero ¿por qué no ha cumplido toda-

95. Acrónimo del Gubernski ispolnítelny komitet (Comité ejecutivo provincial).

vía el encargo de tener listos para los festejos de Octubre seis bustos de Marx destinados a ser instalados en las calles de la ciudad?

—No podemos esculpir a los grandes hombres en cemento. El busto que erigimos en la plaza de la Estación ha resultado ser una masa amorfa que asusta a los caballos de los cocheros, que tienen una parada justo enfrente.

A Zusia las palabras de Shagal le parecieron graciosas y se echó a reír, pero al percatarse de la mirada gélida de Vilenski se calló.

—Por esas palabras y esas risas se podría imponer un castigo con todo el rigor de la ley revolucionaria —dijo Vilenski—. Camaradas, a pesar de los éxitos de la revolución en todo el mundo, de la formación de la Baviera soviética, de la Hungría soviética, de la Letonia soviética, en nuestra ciudad de Vítebsk la contrarrevolución ha levantado cabeza. Los contrarrevolucionarios rusos, los bielorrusos y los hebreos. En particular, los bundistas[96] y los sionistas. Así, Anna Litvak, la hija del doctor Litvak, un judío sionista que ha huido a Palestina, dirige una sección deportiva y gimnástica. Y todo eso con fondos recaudados por la sinagoga. Camaradas, el *gubispolkom* ha decidido confiscar esos fondos. Nosotros, camaradas, necesitamos fondos con urgencia para cubrir las necesidades de la revolución, y los *kombedy*[97] han resuelto imponer multas a todos los elementos burgueses.

—Pero ¿por qué habéis multado al circo que he invitado para que actúe en los festejos infantiles? —preguntó Shagal.

—Al circo se le ha impuesto una multa de diez mil rublos —dijo Vilenski—, por haber tapado con sus carteles una convocatoria a una asamblea del partido. Vamos a combatir implacablemente cualquier manifestación de la contrarrevolución. ¡No hay piedad para el enemigo! En unos minutos va a tener lugar, junto a la catedral de San Nicolás, la ejecución pública del teniente Zakor-

96. Miembros del Bund («unión», en *yiddish*), Unión General de Trabajadores Judíos de Lituania, Polonia y Rusia. Fundada en 1897, reunió a buena parte de los socialistas judíos que se oponían tanto al movimiento sionista —que preconizaba la emigración a Palestina de los judíos del Imperio Ruso— como al centralismo de los bolcheviques.

97. Acrónimo de *komitety bednotý* (comités de campesinos pobres), organismos creados a mediados de 1918 para agrupar a los campesinos pobres y prestar apoyo a la política bolchevique; fueron disueltos a los pocos meses, integrándose en los llamados *selsovety* (sóviets de las aldeas).

zhitski, que había organizado en los bosques un destacamento guerrillero contrarrevolucionario. Nuestra asamblea sindical debe desplazarse de inmediato, íntegramente, a presenciar este importante acontecimiento.

Vilenski se dirigió con paso decidido hacia la salida. Peluqueros y clientes marcharon tras él.

—¿Tú no vienes? —le preguntó Zusia a Shagal en voz baja.

—Aún tengo una mejilla sin afeitar —dijo Shagal, sin levantar la voz.

—Yo estoy obligado a ir. —Zusia abrió los brazos.

Shagal, con una mejilla enjabonada, permaneció sentado en silencio en la peluquería desierta. Reinaba la calma, se oía el tictac del reloj de pared. «Cucú», llamó el cuco desde la caja del reloj. Se oyó una ráfaga.

Sonaba la Internacional. Las columnas de manifestantes de octubre marchaban por delante de la tribuna. Los líderes de la ciudad los saludaban. Shagal, como comisario de artes, también estaba en la tribuna, aunque en las filas posteriores.

—¡Viva la revolución mundial! —gritaba por el megáfono el presidente del sóviet provincial, Zhígarev.

—¡Hurra! —respondieron a coro desde las columnas. En la manifestación participaban algunos automóviles y camiones, telegas tiradas por caballos, jinetes. Por las plazas marchaban trabajadores con martillos y campesinos con hoces. Los del sindicato de peluqueros enarbolaban navajas y brochas. Finalmente aparecieron los estudiantes de la Academia de Artes. En el camión iban profesores y alumnos, vestidos con toda clase de disfraces y máscaras, y declamaban a coro:

—*Dyr, bur Shil, ushchebur, skum vy so bu er el e z...*[98]

El presidente del *gubsovet*[99] se partía de risa.

—Me gustan estos jóvenes gamberros revolucionarios —dijo—; me traen recuerdos de mi propia juventud revoluciona-

---

98. Reproducción, ligeramente alterada, del poema «Dyr bul shchyl» (1913) de Alekséi Yeliséievich Kruchónyj (1886-1968), principal creador, junto con Velimir Jlébnikov, del llamado lenguaje «transracional» o *zaum*. (Más adelante se menciona a este autor en el texto).

99. Acrónimo de *gubernski sovet* (sóviet provincial).

ria. Las barricadas. Los charcos humeantes de sangre escarlata. El fuego de las Browning. Y ¿quién es ese que va vestido de aviador?

—Es Kazimir Malévich[100] —dijo Shagal—; es profesor en nuestra Academia.

—El que nos ha pintado de rojo la tribuna —dijo Zhígarev—. Con ese color rojo genuinamente revolucionario. Pero hay una cosa que no acabo de entender: ¿por qué está todo lleno de dibujos de aeroplanos y peces?

—Eso es el suprematismo —dijo Shagal—; la liberación de los objetos de su sentido original.

—¿A usted le gusta?

—No mucho, la verdad —dijo Shagal—, pero quiero que en mi escuela estén representadas todas las tendencias artísticas. Por eso he invitado a Malévich y le he facilitado un alojamiento. Espero que con el tiempo nuestra Academia sea reconocida en muchos sitios. Pero no nos llega el dinero. Me he cansado de dirigirme una y otra vez al *ispolkom*[101] solicitando nuevos créditos.

—Entonces, en su opinión, camarada Shagal —dijo Zhígarev—, ¿tendríamos primero que reparar un puente o gastar el dinero en arte?

Unos atletas pasaron cantando por delante de la tribuna.

—¡Gloria a la audacia! —gritó Zhígarev por el altavoz—. ¡Viva el deporte rojo!

—Camarada Zhígarev —dijo en voz baja Vilenski—, entre los atletas rojos desfilan también los sionistas de la sociedad Poalei Zion,[102] encabezados por Anna Litvak. No deja de ser sionismo, adaptado a las condiciones soviéticas, disimulado bajo una capa de docilidad. Tendríamos que haber cerrado hace tiempo todas las organizaciones sionistas de la ciudad, y haber convertido de paso la sinagoga en la Casa del Ateo.

Se oyeron disparos. Los soldados del Ejército Rojo marchaban por la plaza y disparaban al aire. Arrastraban piezas de artillería.

—¡Un hurra por el comunismo mundial! —gritó Zhígarev.

100. Kazimir Malévich (1879-1935), artista ruso de origen polaco, creador del suprematismo.
101. Acrónimo de *ispolnítelny komitet* (comité ejecutivo).
102. Grupo de inspiración sionista socialista fundado a comienzos del siglo XX.

—¡Hurra! —respondieron cientos de gargantas de soldados rojos.

Se oyó el estruendo de un motor. Un aeroplano volaba a baja altura por encima de los manifestantes y tiraba de un cartel: 1919, AÑO ROJO.

—¡Un aeroplano, un aeroplano! —gritó la gente.

—Un aeroplano —dijo Zusia, mirando al cielo, cubriéndose los ojos con la mano, a modo de visera.

—El aeroplano es la victoria sobre el sol —declamaron Malévich y sus acólitos—. El aeroplano, como Maiakovski, vuela al margen del espacio y del tiempo. «Cuando, proclamando su llegada con la revuelta, salgáis contentos, sacaré a rastras el alma, la pisotearé, para que sea más grande, y os la daré ensangrentada, como un estandarte».[103]

Se oían por todas partes los gritos de salutación y las notas de las orquestas. Las fuertes corrientes doblaban los árboles, a algunas personas se les volaba el sombrero, los caballos se encabritaban. De pronto un viejo canoso con la barba alborotada y la mirada enloquecida echó a correr y levantó una mano hacia el cielo, mientras gritaba unas palabras. Era Zajaria Shagal. Un policía intentó llevárselo de allí, pero el viejo lo apartó de un empujón y siguió gritando.

—Pero ¡qué estáis haciendo! —gritaba Zajaria Shagal—. También Dios puede asustarse.

—Vámonos a casa, padre —dijo Mark, corriendo hacia él.

Zajaria lo abrazó y rompió a llorar. Las lágrimas resbalaban por su barba blanca.

—¿Por qué lloras, padre? —le preguntó Mark.

—Yo voy a morir pronto, a mí esto no me asusta —dijo Zajaria—, pero tú todavía vas a tener que vivir mucho tiempo con ídolos. Lo siento por ti…

En el escenario de la sala de la Academia de Artes, atiborrada de gente, se habían situado los participantes en la inminente disputa entre Shagal y Malévich. En el centro se hallaba el moderador; a la izquierda Malévich, quien, a pesar de su radicalismo, iba de rigurosa etiqueta, con chaqueta y corbata; y a la derecha Shagal,

---

103. Versos del poema «La nube en pantalones» (1915), de Vladímir Vladímirovich Maiakovski (1893-1930).

134

con *kosovorotka* y cazadora de cuero. A la espalda de los dos rivales había sendos coros, dispuestos a jalear las ideas fundamentales. En el coro de Malévich predominaban las mujeres. En las paredes colgaban muestras de la pintura de ambos contendientes. Acuarelas de Shagal y figuras construidas geométricamente por Malévich.

—Vamos a dar comienzo a esta disputa teatralizada sobre la cuestión de la forma y el color entre los camaradas Shagal y Malévich. Acérquense los contendientes. ¿Cara o cruz?

—Cara —dijo Malévich.

—Empieza usted, Kazimir Malévich —dijo el moderador.

Malévich y Shagal regresaron a sus puestos, situándose por delante de los coros.

—Mi idea fundamental —dijo Malévich— consiste en la vida independiente de los colores y las formas. El suprematismo supone la liberación de la pintura de los objetos y en última instancia de los colores.

El coro, en el que predominaban las voces femeninas, lo secundó:

—¡Liberemos la pintura de los objetos y de los colores!

Estalló una cerrada ovación en prácticamente toda la sala.

—Mi idea fundamental —dijo Shagal— es la de pintar por instinto, tal y como cantan los pájaros. El suprematismo de Malévich no es pintura, sino geometría: ha sido concebido con la cabeza y realizado con un compás, no ha sido creado por una mano viva y por un corazón.

—El suprematismo no es pintura, sino geometría —sentenció el coro de Shagal. En la sala sonaron unos aplausos desacompasados.

—A un pintor no le basta con ser un diestro y hábil artesano —añadió Shagal—; uno debe amar el lienzo en el que pinta. Renoir tiene, en este sentido, un juicio admirable sobre Velázquez: «En sus cuadros se respira la alegría que el artista experimentaba mientras trabajaba en ellos». Esa alegría se echa de menos en Van Gogh. Van Gogh es un pintor excelente. Pero su lienzo no disfruta del cariño de un pincel enamorado.

—¡Cómo que un pincel enamorado! —exclamó desde la sala una muchacha con cazadora de cuero.

—¡Abajo la pintura de pájaros! —gritó un joven desgreñado—. No nos gustan los cuadros pintados con leche y *kisel.*[104] Vivimos tiempos revolucionarios, agitados, pero racionales. Vivimos en un mundo reconocible, no en el mundo de los cuentos inventados por Shagal.

—Sí, son cuentos, y eso es una anomalía —dijo Shagal—, pero esa anomalía se opone a la uniformidad que entraña la regularidad del cubismo y el suprematismo. El suprematismo trata de introducir la ciencia en el arte, pero el arte se distingue de la ciencia precisamente por su falta de regularidad.

—¿Qué entiende usted por falta de regularidad? —gritó alguien en la sala—. ¿No será falta de destreza?

—No, se trata justamente de falta de regularidad —dijo Shagal—; por ejemplo, todo el espíritu del gótico reside en su irregularidad. Fíjese en esas columnas góticas cuyo principal motivo ornamental es la hoja de col. No encontrará dos hojas que se parezcan. En esa diversidad hay una particular armonía natural. Por más embrujos que practique en su suprematismo con la regla y el compás, nunca podrá usted alcanzar tal armonía, no podrá evitar la uniformidad.

—La uniformidad está bien —dijo Malévich—. En el futuro, la nueva arquitectura adoptará el aspecto de una estricta simetría suprematista. Todos los conjuntos arquitectónicos estarán estrechamente asociados a la forma y el color. El suprematismo son las variaciones y las proporciones de las formas cromáticas.

—¡El suprematismo son las variaciones y las proporciones de las formas cromáticas en arquitectura, escultura y pintura!

Ovación estruendosa.

—Para mí la pintura es una hoja de col, no un cuadrado —dijo Shagal—, pero una hoja de col coloreada con toda libertad: azul celeste, lila, azul marino…

—Uno se puede envenenar con una hoja de col azul celeste —exclamó una señora—; ¡con una hoja semejante lo único que consigue una persona sana es fastidiarse el estómago!

Risas en la sala.

104. Sopa dulce de frutas, espesada con fécula o almidón, típica de la cocina rusa.

—¿Será por casualidad que en los cuadros del camarada Malévich vuelan aeroplanos —dijo el estudiante desgreñado—, mientras que en los del camarada Shagal vuelan ángeles, vacas y pequeños burgueses enamorados?

—Me imagino, camarada Shagal, que a usted le gustarán esos versitos que dicen: «A medianoche un ángel por el cielo volaba y allí una cancioncilla silenciosa cantaba».

—Sí que me gustan —dijo Shagal.

—Pues a los jóvenes nos gustan los futuristas. A medianoche un ángel por el cielo volaba… Estos versos están compuestos a base de pa-pa-pa, pi-pi-pi, ti-ti-ti.

Risas.

—Un tofe blando y afónico, literatura barata, igual que en esos cuadros fantasiosos suyos, Shagal —dijo el de las greñas.

—¡En una sola línea de Kruchónyj hay más carácter nacional que en todo Pushkin! —proclamaron en la sala.

—¡En la geometría del camarada Malévich hay más carácter nacional que los cuentos de Shagal! —gritó una señora.

—El camarada Shagal me reprocha, a mí y al suprematismo, que introduzca la geometría en la pintura —dijo Malévich—. Efectivamente, en el suprematismo los objetos se dividen, se diseccionan, en las formas geométricas, en las construcciones dinámicas que las componen. La naturaleza no es capaz de llevar a cabo aquello que llevan a cabo las ciencias naturales. La tarea de la pintura, la tarea del arte no es reflejar la vida, sino su conocimiento. No es posible conocer la vida si no se disecciona en partes, del mismo modo que no se puede llegar a conocer a un individuo si no es anatomizado. De ahí que un importante atributo en mis cuadros sea la sierra, símbolo de la ruptura del objeto en distintos fragmentos. De ese modo la pintura se aparta del objeto.

—¡La pintura se aparta del objeto, la pintura se aparta del objeto! —repitió el coro.

Ovación estruendosa.

Caía la tarde. La sala estaba llena de humo. Malévich se desabotonó la camisa, tenía la corbata torcida hacia un lado. Shagal se había quitado la cazadora de cuero, hablaba con voz enronquecida.

—Yo nunca me he apartado del objeto, ni me pienso apartar —decía Shagal—. Usted, camarada Malévich, quiere liberar la pintura de los objetos, mientras que yo he liberado los objetos de su peso.

—No solo los objetos, también los colores —dijo Malévich—; la tarea de la pintura consiste en su superación. Al igual que el aeroplano supera la ley de la gravitación universal, así la pintura contemporánea supera la perspectiva clásica del Renacimiento, la cual desde los tiempos de Paolo Uccello y de Giotto la atrae hacia la tierra. Mi cuadro *El aviador* lo considero programático. El aviador se eleva por los aires, superando el pasado, al encuentro del negro eclipse de sol, al encuentro de un cuadrado negro. Las leyes terrestres ya no le conciernen, y por eso el retrato de la Gioconda, creado de acuerdo con esas leyes, ha sido tachado.

—¡El retrato de la Gioconda ha sido tachado! —declamó el coro de Malévich.

Aplausos.

—Yo empecé como impresionista —dijo Malévich—, para llegar después al cubofuturismo y, finalmente, al suprematismo. En el impresionismo y en el cubismo el colorido todavía estaba al servicio de los objetos. El suprematismo dará al color y a la forma una vida independiente. De ahí el cuadrado negro. No hay objeto, vive el color.

—¡No hay objeto, vive el color! —sentenció el coro.

—Pero el color negro no puede vivir por sí mismo —dijo Shagal—; los impresionistas, en general, rechazaron el negro, que para ellos no era un color.

—¿Cómo que el negro no es un color? —exclamó Malévich—. El propio Renoir ensalzó el color negro. El color más bonito es el negro, sobre todo el elaborado con marfil quemado. He probado a sustituir el color negro por una mezcla de rojo y azul cobalto, pero no ha dado ningún resultado.

—Al dar por superados el color y el objeto en la pintura, lo que hace usted al fin y al cabo es dar por superada la propia pintura —dijo Shagal—. El próximo paso después de su cuadrado negro tendrá que ser una hoja de papel en blanco.

—Ese sería un cuadro genial —dijo Malévich—. Por desgracia, aún no he llegado a eso, aunque lo intento. A diferencia de usted, camarada Shagal, yo nunca he obedecido a los padres de la pintura, ni a Renoir, ni a Rembrandt ni a Velázquez, aunque los conozco bastante bien. Usted, Shagal, va subiendo peldaño a peldaño, mientras que yo mismo soy un peldaño.

Ovación estruendosa.

—¡Abajo Shagal! —se oyeron gritos en la sala—. ¡Vivan Malévich, Kruchónyj, Maiakovski!

Shagal con mano trémula recogió sus papeles y los metió en la cartera.

—¡Hurra! ¡Bravo, Malévich! —gritaban en la sala.

El moderador hizo sonar la campanilla.

—Solicito la atención de los presentes —dijo—; mañana en el club proletario se celebra un concierto de la orquesta de balalaicas de los comunistas judíos en beneficio del sindicato de peleteros. En el entreacto habrá una lotería americana. Se sortean chanclos y productos alimenticios.

—Ahí tienes la gratitud de la gente —decía Shagal, en tono lúgubre, yendo con Bella por la calle—; me desvivo para conseguir todo lo necesario para la escuela, pomposamente llamada «Academia»: materiales, dinero, pinturas… Llamo a todas las puertas para librar a los estudiantes del servicio militar. Y ¿cómo me responden? ¡Abajo Shagal!

—Ya te decía yo que esto acabaría mal —dijo Bella—; tú eres un artista, necesitas pintar cuadros, ¿qué falta te hacía esta estúpida Academia?

—Tienes razón, como siempre —dijo Shagal con tristeza—. ¿Cuándo aprenderé a hacerte caso? Pero, a pesar de todo, tenía ganas de reunir a un grupo de gente joven y familiarizarlo con el arte.

—Has reunido a tu alrededor a un grupo de alumnos semianalfabetos y has pretendido convertirlos en unos genios en veinticuatro horas. Ya ves el resultado.

—Sí, la intención era buena —dijo Shagal—, pero me ha perdido mi candor. Bastaba con que alguien expresara su deseo de enseñar en mi escuela para que yo lo invitara de inmediato. Incluso a Malévich, aunque sé que me detesta.

Al llegar a casa, Shagal vio a Zusia acompañado por otro individuo abrigado como un cochero.

—Llevo un buen rato esperándote —dijo Zusia—. Este es Moiséi Grubman, representante del sindicato de cocheros.

—A los cocheros, camarada Shagal —dijo Grubman—, nos gusta mucho cómo pinta usted los caballos. Naturalmente, hay algunos insensatos. Uno me dice: «No hay caballos verdes. Solo a un necio se le ocurre pintarlos así». Y yo le contesto: «Un buen hombre siempre tiene algo de necio».

Shagal se echó a reír.

—Es verdad —dijo.

—Hemos asistido a vuestra asamblea —dijo Zusia—, y nos ha parecido una salida de tono burguesa. En nombre de nuestro sindicato queremos escribir sobre esto al *gorkom*.[105]

—No hace falta, Zusia —Shagal se sonrió—, ya me ocupo yo.

—Pero nos gustaría ayudarte de algún modo, hacer algo por ti.

—Obséquiame con tus nuevos versos.

—¿Cómo sabes que escribo versos?

—Los he leído en el *Vítebski listok*.[106]

—Sí, es verdad, he publicado unos versos sobre los peluqueros. Pero ahora he escrito unos versos sobre el aeroplano, dentro de nada también me los van a publicar. Escucha: «Vuela un aeroplano, conquistando los aires. Yo tengo un pequeño plan, ¡uf!: elevarme un poco por los aires».

—Son unos versos admirables —dijo Shagal—, te doy las gracias, Zusia. —Y cogió la hoja con los versos—. Y gracias también a usted, camarada Grubman.

—¿Cómo se llama ese que ha hablado hoy mal de usted? —preguntó Grubman.

—Malévich.

—¿Quiere que le demos una paliza?

—No, gracias —dijo Shagal con una sonrisa—; pero tengo que dar sin falta una conferencia sobre las leyes de la pintura en el sindicato de cocheros. Creo que encontraré allí un auditorio más digno que en la Academia de Artes.

---

105. Acrónimo de *gorodskói komitet* (comité local).

106. La revista *Vítebski listok* (La hoja de Vítebsk) se publicó desde comienzos de 1916 hasta mediados de 1919.

—¿Verdad que son unos versos admirables? —dijo Shagal cuando se sentaron a cenar—. «Vuela un aeroplano, conquistando los aires. Yo tengo un pequeño plan, ¡uf!: elevarme un poco por los aires».

—En mi opinión, son unos versos estúpidos —dijo Bella.

—¡No entiendes nada! —dijo Shagal enfadado—. Los que escriben versos estúpidos son Maiakovski y Kruchónyj. En cambio, en los versos de Zusia sobre el aeroplano se percibe el arrebato sincero de un alma oscura e iletrada hacia la poesía, hacia la libertad. La verdadera libertad solo es posible en el aire, en el vuelo. Libertad de las leyes de la existencia que nos aplastan. Eso es algo que puedo entender perfectamente; yo mismo empecé así. Tú no puedes entenderlo, porque te criaste en una familia burguesa.

—Ya solo nos faltaba la lucha de clases en el seno de nuestra familia —dijo Bella—. Sobre todo, porque hace tiempo que dejé de ser la hija de un ricachón. El poder proletario nos ha confiscado hasta las cucharillas. Mis padres han sido arrestados varias veces, para exigirles dinero, y tú no les has prestado la menor ayuda. Y eso que eres comisario.

—Soy comisario de artes, y no necesitan el arte para nada. Por eso no tengo cómo ayudar y no tiene sentido reprocharme nada. —Retiró el plato con los restos de *kasha* y se acercó al caballete—. Llevo mucho tiempo sin coger un pincel —dijo—. ¿Por qué está esto tan oscuro? —dijo.

—Enseguida enciendo más velas —se apresuró a decir Bella y empezó a colocarlas alrededor del caballete.

—¡Ahora hay demasiada luz! —dijo Shagal con irritación—. ¿Es que quieres dejarme ciego? —Sopló las velas—. Voy a salir a dar una vuelta, me duele la cabeza.

Shagal se echó un capote de soldado por encima de la cazadora, se ciñó las correas y salió.

Se detuvo cerca del café de Gurévich, el único que, por el momento, aún funcionaba. Las grandes vitrinas y los ventanales estaban brillantemente iluminados, y al otro lado de los cristales había gente que formaba parte de una vida ya olvidada, desaparecida hacía tiempo. Las mujeres mostraban abiertos escotes, los hombres fumaban gruesos cigarros, los camareros llevaban bandejas con cafeteras, tazas, bollos y galletas. A través de la puerta entreabierta llegaban las notas de un tango argentino. Se paró un coche de alquiler, descendió una pareja. Él, haciendo rechinar unos botines amarillos ingleses, con un quepí de cuero y una capa gris. Ella, con el pelo rizado y un abrigo ceñido a su talle flexible. Shagal miró de reojo su propio capote, recontó el dinero que llevaba en su magra cartera y siguió su camino en la oscuridad.

En una casa estucada de una sola planta había un cartel: CLUB DEPORTIVO POALEI ZION. En la larga sala de deportes, iluminada con lámparas de queroseno, Anna, con una ropa deportiva tan corta que le dejaba al desnudo las esbeltas piernas, dirigía los ejercicios de las alumnas de gimnasia, impartiendo órdenes en hebreo.

—¡Qué sorpresa! —dijo Anna con una sonrisa—. Me alegro mucho de verte. Espera, enseguida termino.

Después de cambiarse, Anna se reunió con él, vestida con un suéter de punto y una falda larga de tela.

—No se te ve muy contento, Mark. He oído decir que te has llevado algunos disgustos en el trabajo.

—Cuando tratas de impulsar el arte, transformando las casas en museos y a los vecinos en artistas, no te queda más remedio que oír ordinarieces.

—Y ¿cómo te va en casa?

—¿En casa? No puede decirse que sea profundamente infeliz.

—Pero tampoco puedes decir que seas feliz —dijo Anna—. Ya sabía yo que ibas a tener problemas con Bella.

—¿Por qué problemas? Yo no he dicho eso.

—Calla, calla, hazme caso; al fin y al cabo, he sido amiga de Bella mucho tiempo. Por cierto, ¿qué hacemos aquí parados en medio de la calle? Vamos a algún sitio, a sentarnos un rato. Aunque ¿adónde vamos a ir, si no es a Gurévich? Lo de Albert lo han cerrado hace unos días. ¿Te acuerdas de Albert, con los dientes negros por culpa del azúcar? Y ¡aquellos *rogáliki* dulces y el genuino café que tenía! Gurévich, te lo digo yo, le añade patata a la masa, y achicoria al café. Eso sí, si le pagas bien, te sirve pasteles auténticos y café también auténtico.

—Ahí está el problema —dijo Shagal—; si se trata de pagar bien, yo no ando muy holgado.

—No te preocupes por eso —dijo Anna.

—Y tampoco voy demasiado bien vestido para entrar en un café.

—No tienes por qué ir vestido como los simples mortales. Tú eres un gran artista.

—¡Qué voy a ser un gran artista!, si hasta los pintores de brocha gorda de Vítebsk me han abucheado.

—Bueno, pues serás un gran artista y una celebridad, siempre y cuando, claro está, te portes como es debido y me hagas caso.

Entraron en el café. Las mesitas estaban todas llenas, pero un camarero sonrió a Anna y la acompañó hasta una que estaba libre, muy cerca del estrado.

—Enseguida nos traen café auténtico con nata montada y pastelillos. ¿Te gusta el *éclair*?

—No sé, ya se me ha olvidado a qué sabe.

—Lo recordarás. Has olvidado muchas cosas, tienes mucho que recordar; recordar que existe otro mundo, aparte de Rusia… América, Francia… en última instancia, nuestra Palestina, donde podemos crear una patria, una tierra. Solo allí podrás convertirte en un verdadero artista nacional hebreo.

—Discúlpame —dijo Shagal—, pero no acabo de entender qué es eso del arte nacional. Antes el arte nacional existía realmente, pero desde los tiempos del Renacimiento el arte se ha ido convirtiendo cada vez más en la obra de un individuo que se alimenta de los jugos comunes de la tierra y del aire compartido. Además, ¿cómo voy a ir a Palestina, si todos mis cuadros de antes de la guerra se han quedado en Berlín y en París?

—Muy bien, es posible que llegue un momento en que tú, al igual que otros muchos, admitas la justicia de las ideas del sionismo. Y también le pido a Dios que no la admitáis cuando ya sea demasiado tarde. Pero en lo que sí confío es en que hayas comprendido de una vez que tienes que marcharte de aquí…

—Eso es una utopía. Por todas partes hay guerras, revueltas, enfrentamientos. Y ¿quién iba a darme el permiso para salir de aquí?

—Los sionistas creemos que lo primero que tenemos que hacer los judíos es reunirnos. Reunirnos para poder organizarnos.

¿No me irás a decir que tú sigues creyendo en la Internacional? ¿En la amistad con los responsables de los pogromos?

—No todos participan en los pogromos —dijo Shagal.

—No todos… Pero durante el pogromo es suficiente con esos cientos, o con esos miles, o con esas decenas de miles. Ahora mi padre está en Palestina. Intenta ayudarme a salir a través de Polonia. Si quieres, puedo llevarte conmigo.

Les sirvieron el café y los pasteles.

—Ahora es cuando verdaderamente me acuerdo de Europa —dijo Shagal—. Aunque allí también pasé hambre, era otra clase de hambre, en un país rico y civilizado.

La orquesta atacó un viejo vals sentimental.

—Vamos a bailar —propuso Anna—. Perdóname —dijo, apoyando la cabeza en el hombro de Shagal—; veo que tu relación con Bella es complicada. Y no se trata de que ella haya crecido en un ambiente de abundancia y bienestar. No es capaz de proteger tu talento, porque considera que ella misma es una persona de talento. Acabó sus estudios en la universidad de San Petersburgo, ha trabajado en periódicos importantes. No está en condiciones de sacrificar por ti su propia personalidad.

—Yo no necesito esa clase de sacrificios —dijo Shagal—; yo solo necesito comprensión.

—Comprender a otro significa también sacrificarse —dijo Anna.

Volvieron a la mesa, donde aguardaban los pasteles y las galletas que les habían servido.

—Toma un pastel, es para ti —dijo Anna.

—¿Puedo llevarle —dijo Shagal— un pastel a Bella?

—Eres incorregible —dijo Anna con un suspiro.

De pronto la puerta del café se abrió bruscamente y entraron unos hombres con cazadoras de cuero, armados con revólveres.

—¿Qué ocurre, camaradas? —preguntó asustado Gurévich, el dueño del café—. Tengo el permiso del comisario de suministros.

—Es una decisión del *gubsovet* —dijo el chequista—; se cierra el café por la presencia en él de cucarachas.

—¿Qué cucarachas? —preguntó el pobre Gurévich.

—Que todo el mundo prepare sus documentos —dijo el chequista, sin escuchar a Gurévich.

Shagal se acercó al chequista y le mostró su acreditación de comisario.

—Esa mujer está conmigo. —Señaló a Anna.

—Gracias, Mark —dijo Anna, una vez en la calle—. No me gustaría volver a encontrarme otra vez con esta institución. Pero, incluso a ti, ¿te va a seguir sirviendo mucho tiempo tu acreditación de comisario? Piénsatelo.

—Me lo pensaré —dijo Mark.

Llegando a casa, Mark vio de repente a Bella sentada sobre unas maletas, con su hija en brazos. En el balcón, iluminado por las farolas, estaba Malévich, y a su espalda, formando un semicírculo, había un pequeño coro de profesores y estudiantes.

—La asamblea conjunta de profesores y estudiantes de la Academia de Artes de Vítebsk —declaró solemnemente Malévich—, considerando la falsedad de las concepciones y el carácter retrógado de la visión artística del director de la Academia de Artes, Mark Zajárovich Shagal, ha tomado la decisión de expulsar de la Academia a Shagal, Mark Zajárovich, en el plazo de veinticuatro horas.

—¡Expulsarlo en el plazo de veinticuatro horas! —repitió el coro.

—Vamos a casa de mis padres a pasar la noche —dijo Bella.

—Brillante decisión —dijo Shagal—. ¿Ha sido cosa suya, Malévich? Se nota su mano. Una vez que se sentía seguro con todo lo que he obtenido para usted, después de haberle asegurado el pan y de haberle conseguido encargos, ha revolucionado al colectivo de profesores y se ha ganado el apoyo de unos estudiantes engañados e inmaduros. Pero ¿qué plazo de veinticuatro horas es ese, si lo primero que han hecho ha sido echar de casa a mi mujer y a mi hija?

—No era más que una hipérbole artística —se burló Malévich—. Necesitábamos urgentemente la casa para una joven profesora.

—¿Para cuál? —preguntó Shagal—. ¿No será para una que se divierte de lo lindo con los comisarios de la localidad y se presta de mil amores a sus exigencias?

—¡Lo hago por el bien de la Academia! —exclamó la profesora.

—¡Ah, ya lo veo! —gritó Shagal—. Pues nada, de ahora en adelante que la Academia consiga pan, pinturas y dinero recurriendo a la ayuda de mujeres que practican cierta profesión. Yo me lavo las manos.

—Vámonos, Mark —dijo Bella.

—No, espera, quiero decirles algo más —replicó Shagal.

—¡Basta de charlas! —gritó uno de los alumnos—. ¡Ahora nos toca hablar a nosotros! ¡Antes no nos dejaba abrir la boca!

—Reconozco que no me he distinguido por mi paciencia y, sabiendo de antemano lo que iban a decir ustedes, no les permitía expresarse con total libertad. Pero, ahora que me marcho, muy pronto se quedarán tranquilos. No van a poder discutir con nadie, aunque de todos modos no tienen ideas propias, únicamente ocurrencias descabelladas.

—¿Quién habla ahora de ocurrencias? —dijo Malévich sarcásticamente—. ¿Un hombre que como método de influencia artística ha optado por una teología coloreada y una demonología fantástica?

—Por lo que respecta a mis ángeles y demonios, a mis espíritus elementales y demás —dijo Shagal—, forman parte de la composición del tejido del artista, para impedir que la gravedad terrestre siga prevaleciendo y sojuzgando la libertad del resto de las imágenes. En cambio, usted, Malévich, pretende encerrar la libertad en celdas geométricas.

—La geometría ha creado el aeroplano —dijo Malévich—, especialmente la geometría de Lobachevski, una geometría que no es de la superficie, sino del espacio. Y el aeroplano demuestra que es posible vencer la ley natural de la gravedad. En el nuevo espacio modificado por los aeroplanos, sus ángeles, Shagal, no tienen cabida. En ese nuevo espacio, sus ángeles, desprovistos de motores, caerán a tierra.

—Los ángeles sin motores caerán a tierra —repitió el coro.

—Es evidente que usted, Malévich, está hablando de la tierra falsificada del *Misterio bufo*, de Maiakovski, o de la tierra refinadamente nauseabunda de la ópera *Bajo el sol*, con libreto de Kruchónyj, que farfulla tiradas inarticuladas de borracho y se cree que está descoyuntando la sintaxis. Usted, Malévich, ha pintarrajeado para esa tierra sus decorados suprematistas, así que siga consolándose con esa carne podrida, igual que se consuela la hiena del ego-futurismo[107] que va tras los pasos del león del clasicismo periclitado. En efecto, sobre esta podredumbre no vuelan los ángeles. Pero, mientras exista la tierra verdadera, cualquiera que sea su color, rojo, azul o lila, los ángeles la sobrevolarán.

—Vámonos, Mark, vámonos —dijo Bella—, estás completamente ronco.

Mark cogió las dos maletas y echó a andar detrás de Bella.

—*Psiakrew! Psiakrew, łajdak!*[108] —maldijo en voz baja, indignado, Kazimir Malévich.

Bella se despertó en plena noche y vio a Mark sentado junto a la ventana.

—No consigo dormirme —dijo él en voz baja, al notar la mirada de Bella—. Tiene gracia, la verdad sea dicha. Todo lo que ha pasado hoy es una auténtica basura. Ya no quiero acordarme ni de los amigos ni de los enemigos. Están grabados en mi corazón como máscaras de madera, marcadas al fuego.

—Acuéstate —dijo Bella—, te veo muy cansado.

—Sí, claro. —Mark fue hacia la cama, pero a mitad de camino se detuvo y dijo, dirigiéndose a la ventana iluminada por la luna—: ¡Apartadme de vuestro lado, arrancad mis letreros y carteles! No temáis, no volveré a acordarme de vosotros. Pero tampoco pretendo quedar en vuestra memoria. Si he descuidado mi propia obra, consagrándome por entero a las tareas colectivas, no lo he hecho por amor a vosotros, sino por amor a mi ciudad, a mi padre, a mi madre, a mi gente. Así que, vosotros, todos los demás, podéis olvidaros de mí. No me sorprendería que dentro de un tiempo mi ciudad destruyese todas mis huellas y que ni tan siquiera recuerde al hombre que aquí padeció y sufrió. Todos vosotros os habéis desprendido de mí como un esparadrapo barato de una herida. Nadie es profeta en su tierra. Dejo Vítebsk y me marcho a Moscú.

107. El *egofuturismo* fue una de las derivaciones del futurismo ruso; este efímero movimiento está asociado a la figura del poeta Ígor Severianin (1887-1941).
108. «¡Maldita sea, sinvergüenza!», en polaco.

—Pero antes me gustaría que pasáramos por lo menos un mes en la aldea —dijo Bella—. Tienes que fortalecerte y volver a centrarte después de tanta demencia.

—Por fin estamos solos en la aldea —decía Shagal a la puerta de casa, sentado con Bella en un banco detrás de una mesa de madera—, y el Señor nos ayuda. Está haciendo un otoño muy cálido, esto sí que es un verdadero veranillo. Fíjate: el bosque, los abetos, la soledad. Y, como es propio del otoño, desde temprano la luna está ya alta, más allá del bosque. El cerdo está en la pocilga, el caballo en el campo, el cielo es lila. ¡Qué bonito, qué agradable, qué shagaliano es todo esto!

—Me alegro de verte feliz de una vez —dijo Bella.

—Qué cuadro más admirable tenemos delante de nuestra vista —dijo Shagal levantándose y mirando a lo lejos—. Es un paisaje digno de una gran exposición parisina, por lo menos.

—Por cierto, Mark, mientras lavaba tu vieja cazadora me he encontrado este documento tuyo de identidad, de tu época parisina —dijo Bella.

—¡Es verdad, mi documento de identidad de París! —dijo Shagal con alegría—. Lo he estado buscando y no daba con él. ¡Mi París! ¿Y si le hago una visita al poeta Demián Bedny,[109] que vive en el Kremlin, y les pido a él y a Lunacharski protección ante Trotski? Tal vez, sobre la base de este documento, Trotski me permite regresar a París, que es donde se quedaron mis pinturas… Alguna vez he visto a Trotski. Alto, nariz violácea. ¿Qué sabrá un hombre como él de pintura? No, no va a dejar que me vaya.

—Un grupo de gente viene hacia aquí —dijo Bella, mirando por el binóculo—; se diría que son alemanes.

---

109. Demián Bedny (Demián «el Pobre») fue el pseudónimo literario utilizado desde 1911 por el poeta y activista Efim Alekséievich Pridvórov (1883-1945). Militante bolchevique, tras la Revolución de Octubre fue muy popular en la Unión Soviética y tuvo una estrecha relación con sus principales dirigentes. Poco a poco, sin embargo, fue perdiendo el favor de Stalin y en 1938 acabó siendo expulsado del Partido Comunista y de la Unión de Escritores, si bien no fue encarcelado ni deportado. Durante la Segunda Guerra Mundial se benefició de una tímida rehabilitación, pero murió por causas naturales pocos días después del final de la contienda.

—¿Alemanes? —dijo Shagal—. ¿Y si probamos a recurrir a los alemanes para marcharnos a Alemania? Hace tiempo que tengo escritas unas cartas dirigidas a Walden y Rubiner. Podríamos intentar hacérselas llegar por mediación de alguno de esos alemanes.

Los alemanes no desfilaban precisamente a la alemana; iban alineados de cualquier manera, charlando y comiendo algo sobre la marcha. Muchos exhibían una tela roja en el casco y en las mangas, y uno de ellos llevaba un pañuelo rojo atado a un palo.

—Vayamos a su encuentro —dijo Shagal—; ellos también están haciendo su revolución.

Shagal trató de hablar con un soldado, pero este siguió su camino sin decir palabra. Lo mismo que el segundo.

—Los soldados tienen prohibido comunicarse con la población local —dijo un *Feldwebel*—,[110] especialmente con los judíos, para eludir la propaganda revolucionaria.

—Pero si sus soldados llevan brazaletes rojos —dijo Shagal.

—Se trata de nuestra revolución alemana —dijo el *Feldwebel*—; las revoluciones ajenas no nos interesan.

—¿Qué ocurre? —preguntó un oficial que marchaba a caballo al lado de la columna.

—Mi comandante —dijo el *Feldwebel*—, este hombre intentaba hablar con los soldados, y tenemos instrucciones de impedirlo.

—¿Qué desea? —le preguntó el comandante a Shagal.

—Desearía enviar unas cartas a Berlín —dijo Shagal.

—¿Es usted alemán? —preguntó el comandante.

—No —dijo Shagal—; sencillamente, me gustaría saber qué ha sido de unos cuadros míos que se quedaron en Berlín.

—¿Es usted pintor?

—Sí, soy pintor; me llamo Shagal.

—Lo siento, pero no me suena de nada —dijo el comandante—, aunque soy un gran amante de la pintura. ¿Viven ustedes aquí?

—Temporalmente. Estamos aquí descansando.

—¿Queda lejos la estación?

—Media hora a paso normal —dijo Bella.

110. Grado de suboficial en los ejércitos de tradición alemana

—Es mi mujer, Bella —dijo Shagal.

—Mucho gusto —dijo el comandante—. Heinrich von Hagedorn.

Consultó su reloj de bolsillo y ordenó hacer un alto.

Los soldados, charlando alegremente entre ellos, se dispersaron y se tumbaron en la hierba.

—Señor Hagedorn, nos gustaría invitarle —dijo Shagal.

—Con mucho gusto —contestó el comandante, apeándose del caballo. Se sentó a la mesa de madera, se quitó el casco picudo y se desabrochó los botones de arriba de la guerrera—. ¿Les importa si fumo? —le preguntó a Bella.

—Fume, por favor —dijo Bella.

—En Rusia aún se pueden encontrar cigarrillos en algunos sitios —dijo el comandante—, pero en Alemania hace ya tiempo que la gente fuma hojas de col empapadas en nicotina. En un país como Alemania la revolución puede resultar aún más dañina que en Rusia.

—La revolución trae consigo muchas desgracias —dijo Shagal—, pero ¿podemos considerarla un mal sin paliativos? ¿Y la libertad? ¿Y la justicia para aquellos que antes estaban humillados y oprimidos?

—No pretendo negarlo —dijo el comandante—, aunque no procedo de los oprimidos. Mi apellido está emparentado con los *Kurfürsten*[111] de Hannover. Por cierto, uno de mis antepasados, Friedrich Hagedorn,[112] fue poeta. ¿No han oído hablar de él?

—No conozco suficientemente la cultura europea —dijo Shagal—, no he vivido mucho tiempo en Europa. Solo en París y, de paso, en Berlín. Me imagino que añorará usted Alemania…

—Sí, podríamos decir que sí —dijo el comandante—, pero regreso allí profundamente preocupado. Fíjense en eso. —Señaló hacia donde estaban los soldados, que habían adoptado toda clase de posturas y charlaban entre ellos en voz alta. —¿A usted le gusta eso?

—Me parece muy bien —dijo Shagal—; la libertad ha alcanzado incluso la ciudadela del espíritu prusiano: el ejército.

111. Príncipes electores.
112. Friedrich von Hagedorn (1708-1754), poeta clasicista alemán, célebre por sus anacreónticas y fábulas.

—¿Seguro que eso es libertad? —dijo el comandante con una sonrisa burlona—. Eso es desorden. Goethe dijo: «Es preferible la injusticia al desorden». Ahora se alegran del derrocamiento de la monarquía. Del exilio del káiser Guillermo. También yo considero que en muchos aspectos su política no era razonable. El pangermanismo, el afán de convertir a Alemania en una gran potencia marítima, cosa que inevitablemente tenía que llevar al enfrentamiento con Inglaterra. Y, sin embargo, pasará el tiempo y la gente aún echará de menos a los Hohenzollern, a los Habsburgo. Las clases bajas, toscas e ignorantes, están ascendiendo a lo más alto, y las estructuras sociales que antes les cerraban el paso han sido destruidas por la revolución. No vaya a pensar, señor Shagal, que habla en mí el aristócrata; lo que ocurre, sencillamente, es que conozco bien mi sociedad. Sé lo que le sobra y lo que le falta. Ante todo, a los alemanes nos falta finura. Incluso a los más grandes poetas alemanes, a los grandes artistas alemanes, les falta esa finura que es propia, por ejemplo, de los franceses. Mi antepasado Friedrich von Hagedorn era, en ese sentido, una excepción. En su poesía se aprecia un epicureísmo liviano, en la línea de Horacio. En cualquier caso, ¿sabe a lo que me refiero, señor Shagal? ¿Se puede hablar ahora de poesía en una Alemania sacudida por los desórdenes? Y es que el ciudadano alemán no soporta durante mucho tiempo el desorden, porque la falta de finura en Alemania siempre se ha compensado con el orden. Así que me da por pensar en lo que puede instaurarse en Alemania con el pretexto del orden. Y el problema ya no es solo el pueblo, que ha perdido el norte. Hace mucho tiempo que asistimos en Alemania a un proceso de descomposición intelectual. El mismo espíritu que desordena las inteligencias origina la desunión en el pueblo, hasta en sus raíces más profundas. Disculpe, señor Shagal, veo que le estoy abrumando con mi pesimismo.

—No, no —dijo Shagal—, le estoy escuchando con enorme interés. Algo parecido se observa en Rusia. El espíritu de descomposición envenena la conciencia del pueblo. El problema no está en la revolución, sino en el hecho de que el espíritu que anuncia la revolución está enfermo.

—Recientemente, Thomas Mann ha escrito sobre la revolución *de los pies sudados* —dijo el comandante, viendo cómo los soldados, después de quitarse las botas, ponían los calcetines a secar en la hierba—. La vieja Alemania feneció en 1914, y la nueva no la echo de menos. Lo único que verdaderamente he echado de menos es España. En realidad, no tanto España como el museo de pintura de Madrid. ¡No hay nadie como Velázquez! ¿Ha estado en España, señor Shagal?

—No, por desgracia —Shagal—; pero en el Louvre de París hay una sala circular dedicada especialmente a Velázquez.

—He estado en el Louvre muchas veces —dijo el comandante—, pero, créame, en comparación con los Velázquez del museo madrileño, el Louvre se queda muy por debajo.

—¿Y el Greco? —preguntó Shagal—. Me imagino que en el museo madrileño estarán las mejores obras del Greco...

—¡El Greco! —dijo el comandante con pasión—. ¿Quién puede negar que el Greco es un gran pintor? No descubro nada si digo que el Greco es un gran pintor, si pasamos por alto su iluminación artificiosa, la continua presencia de las mismas manos y los drapeados ostentosos. Pero reconozco que, de todos modos, prefiero a Velázquez. ¡Hay que ver cómo pinta Velázquez un simple lazo! El aristocratismo de este maestro se manifiesta en los detalles más pequeños. El lazo rosado de la infanta Margarita: en él está encerrado todo el arte de la pintura. Y los ojos, y el cuerpo que los rodea, ¡qué preciosidades! Ni una sombra de sentimentalismo, de sensiblería.

—Mi comandante —dijo el *Feldwebel*, después de acercarse y de llevarse la mano al casco—, ha llegado un mensajero desde la estación. El coronel manifiesta su preocupación por la ausencia de nuestro batallón. Ya se ha reunido todo el regimiento.

—Sí —dijo el comandante, cuyo semblante se apagó de pronto—, manda formar a los soldados. Bueno, me tengo que ir —le dijo a Shagal, tomando las cartas—, me ha alegrado conocerlos. Procuraré entregar estas cartas personalmente o a través de alguien de confianza.

—Mi mujer y yo vamos con usted hasta el extremo de la aldea —dijo Shagal.

Los soldados formaron y empezaron a cantar:
—*Deutschland, Deutschland über alles...*

—Bonita melodía —dijo Shagal—. Me imagino que será una canción nueva, nacida al calor de la revolución… Me recuerda a «La Marsellesa».

—No, es una vieja canción —dijo el comandante—. Hoffmann von Fallersleben la escribió ya en 1841, pero la república de Weimar la ha popularizado e incluso la ha declarado su himno… Alemania por encima de todo. Después de la derrota en Verdún y la batalla del Somme, esto resulta hoy en día particularmente grato para nuestros oídos alemanes.

Shagal y Bella se detuvieron al final de la aldea.

—Que tenga un buen viaje, señor Hagedorn —dijo Shagal.

—Y a ustedes les deseo todo lo mejor —dijo el comandante, montando en el caballo, que había llevado hasta allí de las riendas—. Acaso nos encontremos alguna vez en el museo de Madrid.

—Ojalá.

—*Deutschland, Deutschland über alles…* —cantaban los soldados.

Shagal y Bella estuvieron un buen rato agitando los pañuelos como despedida.

Soplaba un viento helado el día en que Zajaria Shagal acompañó hasta la estación a Mark, Bella y la niña. El tren de Moscú llevaba retraso.

—No me quedo a esperar —dijo Zajaria—; tengo que ir a cargar unos camiones, porque con lo que gano en el almacén ya no me da para comer. —Abrazó a Mark y estuvo un largo rato allí parado, sin decir nada—. ¿Vendrás a enterrarme? —preguntó de repente.

—Vas a vivir una larga vida, padre —dijo Mark—, se te ve muy fuerte. Aunque me inquieta que estés siempre triste y abrumado.

—Es por el cansancio —dijo Zajaria—, he vivido demasiados años duros, y estos me oprimen el pecho con más fuerza que un gran barril de arenques. Y, por lo que respecta a los últimos tres años, prefiero no pensar en ellos. Nuestra única esperanza está en el Altísimo. Recuerda esas palabras: «Todos los corazones te veneran, todos mis huesos dicen: "¿Quién semejante a Ti, Dios?". A Ti, que no permites que el fuerte maltrate al pobre, que los saqueadores dañen al indigente y al miserable». —Se enjugó las lágrimas—. Que el Altísimo te guarde, que guarde a tu mujer y a tu hija. —Besó a Bella

y a su nieta, y ya iba a marcharse, pero se detuvo—. Se me olvidaba.
—Sacó del bolsillo un paquete aceitoso—. He estado trabajando de cargador en la panificadora, y me han dado esto. Aquí hay unos dulces. Coméoslos en el tren. —Volvió a besar a todos y se fue.

—Me acuerdo de mi infancia, de cuando mi padre volvía a casa a diario —dijo Shagal con voz temblorosa—, y todos los pequeños aguardábamos su regreso del almacén. Con él entraban en la casa la tarde y el bienestar. Se sacaba de los bolsillos pasteles y peras heladas, y nos las repartía con su mano rugosa y oscura. Se deshacían en nuestra boca, y nos parecían mucho más gustosas que si las hubiéramos cogido de un plato… Eso ya es cosa del pasado —añadió—, ya nadie nos lo va a devolver.

La ventisca barría las calles. La multitud de los pasajeros empujaba cada vez con más fuerza. Había muchos soldados, además de mujeres chillonas cargadas con sacos. Cuando finalmente llegó el tren, Shagal, Bella y la niña se abrieron paso como pudieron hasta el vagón.

En la panificadora Zajaria Shagal descargaba, con ayuda de otros, unos pesados sacos de un camión.

—Shagal, ¿por qué estás hoy tan apático? —preguntó el jefe del equipo—. Si no cumples la cuota asignada, te bajaré la tasación, y no vas a tener más trabajo.

El camión patinaba.

—¡Da marcha atrás! —gritó un trabajador.

Zajaria se echó a los hombros un saco pesado. En ese momento el camión retrocedió. Zajaria cayó sin gritar y falleció al instante. Su barba blanca se tiñó de sangre, y la harina vertida del saco roto se empapó en el charco sangriento.

A la entrada de la antigua mansión con columnas que había sido la residencia de un hacendado ondeaba al viento una bandera roja con la inscripción: RSFSR.[113] Un cartel en la puerta anunciaba: COLONIA DE TRABAJO DE MALÁJOVKA[114] PARA HUÉRFANOS, VÍCTIMAS DE POGROMOS.

---

113. *Rossíiskaia sovétskaia federatívnaia sotsialistícheskaia respúblika* (República Socialista Federal Soviética de Rusia), nombre oficial de Rusia de 1922 a 1991.
114. Asentamiento urbano situado al este de la ciudad de Moscú.

En la casa y en el patio que tenía delante bullía la vida, repiqueteaban los martillos, zumbaban las sierras, en la cocina la sopa hervía en un enorme caldero, las niñas pelaban patatas, lavaban las sábanas. En el aula de educación política un chiquillo con el semblante serio impartía la lección ante un reducido auditorio de chicas y chicos tan serios como él: «"En la ciencia no hay caminos reales", escribe Marx en el prólogo a *El capital*.[115] "Solo tendrán esperanzas de acceder a sus cumbres luminosas aquellos que no teman fatigarse al escalar por senderos escarpados"». Mientras tanto, en la sala, otros se lo pasaban en grande aprendiendo entre risas, siguiendo los compases de un piano desvencijado, «La Internacional».

A través del patio nevado unos cuantos chavales harapientos traían unos haces de leña en trineos.

—Camarada Shagal —uno de los niños llamó a Mark—, ¡hoy tiene que venir sin falta a la representación del periódico vivo![116] Vamos a criticarle por su afición a la pintura expresionista.

—Claro que iré —se sonrió Shaghal—, a menos que me ponga malo.

—Camarada Shagal —dijo otro niño—, me gustaría enseñarle mi esbozo; lo he hecho al estilo de… ese del que habló usted ayer.

—Cimabue[117] —dijo Shagal—. Y ¿qué tal tu ópera?

—Ya llevo compuesta la mitad. Aunque he cambiado el título. Antes se llamaba *El trabajo emancipado*, y ahora *Hacia la comuna mundial*.

—Este niño —le dijo Shagal a Bella— se encuentra en una especie de éxtasis creativo permanente. Dibuja, compone música, escribe versos. Y los otros chiquillos también están llenos de entusiasmo creativo. Pintan en distintos estilos. Unos se inclinan por la pintura abstracta, otros por el realismo. Incluso hay un Malévich entre ellos, que construye sus dibujos. —Shagal se rió—. No pue-

115. Concretamente, en las palabras de introducción a la primera edición francesa, publicada por entregas en 1872, dirigidas al «ciudadano Maurice La Châtre».

116. Los llamados «periódicos vivos» consistían en dramatizaciones basadas en los contenidos de la prensa o en acontecimientos de la vida cotidiana. En la década de 1920 fueron uno de los medios de agitación artística más difundidos en la URSS.

117. Cenni di Pepo, llamado Cimabue (1240-1302), pintor y creador de mosaicos florentino.

des imaginarte, Bella, hasta qué punto me siento mejor aquí que en la Academia de Vítebsk. Quiero a estos pequeños andrajosos, se lanzan sobre las pinturas como las fieras salvajes sobre la carne. Despiertan en mí el apetito creativo que había perdido por completo en la Academia de Vítebsk.

—Pero no puedes alimentarte únicamente del pan de la creación —dijo Bella—. Si no va nadie a buscarte, te olvidas de venir a comer. Estás en los huesos y tienes las ojeras negras.

—Estoy muy interesado en todo esto —dijo Shagal—, adoro sus dibujos, sus inspirados balbuceos. Y el caso es que estos niños son los más desgraciados de todos los huérfanos. Todos ellos han vivido experiencias terribles. Los han arrojado a canales, los bandidos los han fustigado con el látigo, los han amenazado con los mismos puñales con los que acababan de degollar a sus padres ante sus ojos. A través del silbido de las balas y del estrépito de los cristales rotos, aún tuvieron tiempo de oír las últimas súplicas de sus progenitores. Y ahora resulta que esos niños están delante de mí. No paran quietos, están siempre hablándose a gritos, se ríen a carcajadas, pero sus ojos no quieren o no pueden sonreír. Yo siempre miro sus ojos con inquietud.

—Pues yo ahora miro los tuyos con inquietud —dijo Bella—. Tienes ojos febriles, encendidos. Esta noche has tosido fuerte.

—Se conoce que me he resfriado —dijo Mark—; en casa hay unas corrientes tremendas. Hace frío. ¿Puedes imaginarte a esos críos, a esos pobres desgraciados, con semejantes heladas, envueltos en unos harapos, temblando de frío y de hambre, yendo de ciudad en ciudad, colgados de los topes de los vagones? Y ahora les enseño a dibujar.

Empezó a toser.

—Tienes que acostarte ahora mismo —dijo Bella—; voy a tratar de encontrar un médico.

Un rostro barbado, con gafas. Unos dedos que palpan el cuerpo, que percuten.

—¿Duele aquí? ¿Y aquí? Parece una pulmonía.

El viento atraviesa el jardín. Graznan grajillas y cuervos. Una luz entre gris y violeta cae sobre las colinas. Anochece.

—Un telegrama —dice alguien.

—¿Por qué ha llegado con tanto retraso? —Alguien llora.

—Bella —Mark, haciendo un gran esfuerzo, abre los párpados—, ¿qué telegrama es ese? ¿Por qué lloras?

—No lloro… Todo ha sido un sueño. Voy a cambiarte ahora mismo el pañuelo de la cabeza.

Los dedos frescos de Bella, el frescor del pañuelo limpio. Se oye hablar en voz baja.

—¿Un telegrama?… ¿Dónde?… En el cielo… Mira por la ventana… Desde la ventana del cuarto, ¿no ves el horizonte, donde han trazado cuadrados, líneas, círculos y meridianos monocromáticos, todos ellos de un tamaño colosal? ¿No ves unos signos trazados entre esas líneas? Lee… Moscú. Punto. —Shagal mueve los labios—. Berlín. Punto. Nueva York. Punto. Rembrandt. Vítebsk. Un millón de tormentos.

—Siempre he estado convencido de que Rembrandt me ama —dice alegre Shagal—, y también Vítebsk.

—Todos los colores saben morder. Excepto el ultramarino —dice alguien. Shagal se zarandea de un lado a otro.

—Son las voces de mis cuadros —dice—; en mis cuadros todo el mundo está loco… ¿Por qué lloras, Bella?

—Enseguida vas a estar mejor…

El frescor desciende sobre la frente.

—Estoy tumbado entre dos mundos —dice Shagal—, el cielo ya no es azul. ¿Lo oyes? Susurra en la noche como una gran caracola marina, y brilla con más fuerza que el sol… El sol… Quiero sol…

El sol otoñal luce en el límpido cielo azul. Shagal, demacrado, vestido con una ropa que le cuelga por todas partes, está explicando algo a unos niños en un claro del bosque, señalando unos grandes cubos y cuadrados, fabricados con tablas y pintados de diferentes colores:

—Cojamos dos formas idénticas. De la luz dependerá que esa forma parezca plana o con volumen. Gracias a la intensidad del color brotan nuevos sentimientos.

—Camarada Shagal —pregunta un niño—, ¿es posible encontrar una fórmula del color que haga que la gente esté alegre y sea buena con los demás?

—Por desgracia, no conozco ese color —contesta Shagal—. Lo cierto es que, en pintura, como en las demás artes, no hay un solo procedimiento, por modesto que sea, que pueda ser reducido a una fórmula. En cierta ocasión se me ocurrió determinar de una vez por todas la dosis de óleo necesaria para romper el color. Y no fui capaz de conseguirlo. Por ejemplo, en teoría sabemos que las sombras violetas surgen de la contraposición de amarillo y azul celeste, pero en la práctica eso no es suficiente. Se necesita algo más, que no se puede explicar, para formar el verdadero color violeta. —Y, tras embadurnar el pincel, Shagal empezó a aplicar color violeta en un cuadrado blanco.

—Tenemos invitados —le dijo en voz baja Bella a Mark al volver este a casa—. Anna Litvak. ¿Te acuerdas de mi amiga de Vítebsk? Ha llegado muy cansada y le he dicho que se acostara.

—Ya estoy despierta —dijo Anna a través del tabique y enseguida apareció, guapa y elegante—. Me alegro de verte. Bella no se pondrá celosa si nos besamos por nuestra vieja amistad. —Cogió a Mark de los hombros y le dio un beso—. Me ha contado Bella que te dedicas aquí a popularizar el arte entre los niños del orfanato.

—Enseñar a esos niños maltratados es una causa sagrada —dijo Mark.

—En mi opinión, la causa sagrada de un pintor es la pintura —dijo Anna—. ¿No estás de acuerdo, Bella?

—Sí —dijo Bella—, pero Mark encuentra inspiración en esos huérfanos. A pesar de la grave enfermedad que ha padecido, trabaja más y mejor que en Vítebsk. Los enemigos de la Academia lo martirizaban, en sentido literal.

—La inspiración está muy bien —dijo Anna—, pero de todos modos el artista necesita unas condiciones mínimas aceptables… No entiendo cómo puede nadie vivir y trabajar aquí. Unos tablones a modo de paredes, un olor a agua estancada… ¿Y esta cama de hierro? Yo he dormido sola y apenas una hora, y estoy molida. ¿Cómo podéis dormir los dos juntos?

—De noche la ampliamos con unas tablas —dijo Bella.

—Y, en cualquier caso, estoy mejor aquí que en Vítebsk, de donde, sencillamente, me echaron —dijo Mark—. Naturalmente, añoro a los míos, pero ese sentimiento también me ayuda en mi trabajo. He empezado a pintar el retrato de mi padre. Cierro los ojos y lo veo. Veo cómo papá regresa a casa del almacén de arenques con su ropa grasienta y toda llena de sal. Tiene unos ojos dulces, con un brillo entre azul y grisáceo.

—Sí —suspiró Anna—, la verdad es que, cuando tu padre murió aplastado por aquel camión, toda la ciudad se sintió conmovida.

—¿Cómo? —gritó Shagal, estremeciéndose—. ¿Que ha muerto mi padre? Y ¿me lo habíais ocultado?

—¡Pues sí que la he hecho buena! —dijo Anna—. Bella, ¿por qué no me habías avisado?

—Se me ha olvidado —dijo Bella—; es mi culpa.

—¡Todo se te olvida! —gritó Shagal y dio un puñetazo con todas sus fuerzas en la mesa—. Me escondiste el telegrama. No estuve en el entierro. Y mi padre me lo había pedido.

—Estabas muy grave —dijo Bella—, y después, cada vez que me proponía decírtelo, al final no me decidía. Esperaba a que estuvieras totalmente restablecido.

—Perdonadme —dijo Anna—; mejor me voy.

Se despidió y salió.

Mark se echó en la cama de hierro, los hombros le temblaban. Bella se sentó a su lado.

—Quiero estar solo un rato —dijo Shagal. Se puso el abrigo y se marchó a la calle.

Marchaba por un sendero, sin saber adónde ir.

—Mark —lo llamaron. Anna estaba a la sombra de un árbol.

—¿Me estabas esperando?

—Sabía que ibas a salir. En momentos como este uno necesita que le dé el aire.

—Sí, el aire. ¡Ay, si fuera posible elevarse por los aires, volar solo!

—Ahora mismo no necesitas estar a solas, sino con alguien que te comprenda. Con una mujer que te comprenda. ¿Te acuerdas de nuestra conversación en Vítebsk?

Caminaban los dos juntos por medio del campo.

—Creo que he sido injusto con Bella —dijo Mark—. Pero ¿cómo ha podido ocultarme tanto tiempo la muerte de mi padre? Pensar que hasta le he escrito algunas cartas, ¿qué habrá hecho Bella con ellas? ¿Las habrá escondido? Pero eso es cruel, es inmoral... Pobre padre mío. Me acuerdo de cuando lo invité a la boda: «Papá, tienes que venir a mi boda». Me contestó: «Preferiría dormir un rato». Puede que tuviera razón. Para qué iba a querer relacionarse con gente tan distinguida. El padre de Bella zampaba uvas a diario, y el mío, cebolla... Y no hablemos de las caras de sus parientes en la boda. Qué pena que no sea yo el Veronés.

—Cálmate, Mark. Tu padre vivió una vida digna. Todos somos mortales.

—Mi padre... Cierro los ojos y lo veo. Mi padre ha puesto el samovar y empieza a liar sus cigarrillos. Mi madre no para de hablar, tamborilea con los dedos en la mesa, menea la cabeza. Mi padre la escucha; ante él se alza ya una verdadera montaña de cigarrillos. ¿Por qué me ha ocultado Bella el telegrama? ¿Por qué? Yo ya no lloro casi nunca. —Rompió a llorar ruidosamente, sollozando, sin el menor recato.

—Llora, llora —dijo Anna—. Eso es bueno.

—No pienso volver nunca a Vítebsk —dijo Shagal, una vez que se detuvo aquel estallido de desesperación—. No he tenido ocasión de enterrar ni a mi madre ni a mi padre. Al entierro de mi madre sencillamente no quise ir. No podía verlo. Perder la última ilusión. Aunque posiblemente habría sido lo más conveniente. Ver el rictus de la muerte en el rostro de los progenitores. Ver el rostro de la madre, blanco como la nieve. ¡Me quería tanto! ¿Por qué no fui a su entierro? Qué mal me porté. Y la cara de mi padre, aplastado por el destino y por las ruedas de un camión. Se habría puesto tan contento si hubiera ido yo. Pero no va a resucitar.

—No va a resucitar —dijo Anna—, su destino ha llegado a su fin. Y tú tienes que pensar en tu propio destino.

—Yo tengo que pensar en mis propios pecados —dijo Mark—, porque los pecados de mi padre, al igual que los de mi madre, ya se los ha perdonado Dios. Recuerdo cuando mi padre, con ocasión de la Pascua, rezaba a Dios pidiéndole el perdón de los pecados. En

Pascua, ni la *matsá*, ni los rábanos me llamaban tanto la atención como el Haggadá, el libro de leyendas y oraciones. Y el vino tinto de Pascua que llenaba las copas parecía más rojo en la copa de mi padre que en la de los demás. Emitía reflejos de color violeta, solemne y espeso: reflejos del gueto, reflejos del calor ardiente del desierto, del que mi pueblo consiguió salir a costa de tanto sufrimiento.

—Me alegra que lo hayas mencionado —dijo Anna—; nuestro pueblo tiene que recorrer de nuevo un duro camino hasta la patria, venciendo todos esos sufrimientos. Si no lo hacemos, en este mundo enloquecido de hoy, a los judíos nos espera una catástrofe. Tengo la posibilidad de ir a Varsovia, y seguir desde allí hasta Palestina. Hay un sitio para ti en el tren. ¿Quieres viajar conmigo? Tienes que decidirlo enseguida.

—¿Cuándo?

—Pasado mañana a las cinco de la tarde te espero en la estación de Briansk.[118]

—¿Y el pasaporte?

—No te preocupes por eso… Si no quieres ir a Palestina, puedes ir a Berlín, a París.

—Dentro de una semana en París —repitió Shagal, contemplando el campo y las isbas destartaladas de la aldea a la que habían llegado.

De pronto, en un granero que había a lo lejos, se oyó un disparo, y enseguida otro.

—¡Corre! —exclamó Anna—. ¡Agáchate!

Los disparos eran cada vez más frecuentes.

—Aquí hay una zanja —gritó Anna—; ¡salta!

Saltaron y rodaron por el talud arcilloso. Ya había otro individuo en aquella zanja, acurrucado en una esquina, jadeando, con un revólver en la mano. Al encontrarse con el revólver, Shagal gritó asustado y se echó a un lado.

—No temas —dijo el que estaba allí—, soy de la Policía local.

—¿Qué es lo que pasa? —preguntó Shagal con el aliento entrecortado.

—Es un tiroteo entre el campesino Yákov Petrovski y los

---

118. La estación de Kiev *(Kíievski vokzal)* de Moscú se llamó estación de Briansk *(Brianski vokzal)* entre 1918 y 1940.

ladrones que le han robado sus patatas. Alguien de por aquí tiene esa costumbre. En toda la aldea los Petrovski son los únicos a los que les han quedado patatas después del invierno.

—Esto es la locura de Babel y la agitación de los enajenados —dijo Anna en voz baja.

De repente se oyó una explosión. Algunos sacos volaron por los aires y las patatas, como lanzadas por un obús, salieron disparadas en todas direcciones.

—¡Han tirado una bomba! —gritó el policía.

—Creo que me han herido —se lamentó Shagal, llevándose las manos a la cabeza.

—Es una patata, que te ha caído en la cabeza —dijo el policía—. A mí me ha dado en un oído. Mira, ahí vienen refuerzos —gritó—. Son los chequistas de la estación; ¡ahora van a ver esos gusanos! ¡Mira que montarnos una guerra en la aldea! —Salió rápidamente de la zanja y echó a correr campo a través. Habían cesado los disparos. Solo se oían gritos e improperios. Se llevaban a alguno a rastras, entre resoplidos.

—¿Cómo puede vivir aquí una persona normal? —dijo Anna—. Piénsatelo, Mark. Dentro de una semana en París.

—Me lo pensaré —dijo Mark, con la mano en la frente.

—A las cinco en la estación de Briansk —insistió Anna.

—Bella —dijo Mark, quitándose el capote, todo roto y lleno hasta arriba de barro—, perdóname.

—¿Qué te ha pasado? —preguntó Bella, alarmada.

—Me he visto en medio de un tiroteo, por poco me matan. Pero no se trata de eso.

—¿Cómo que no se trata de eso? —preguntó Bella—. Han estado a punto de matarte, ¿y no se trata de eso?

—Así es, ahora lo más importante es que estoy en falta contigo. Antes te he dicho muchas cosas horribles, que estaban de más, pero mi alma guardaba silencio. Tú eres la única de la que mi alma no dirá ni una mala palabra jamás. A veces me duermo y te miro en sueños, y tengo la impresión de que tú eres mi mejor obra. Has sabido proteger mis cuadros de un destino sombrío. Todo lo que dices y haces es verdad. Que bendigan mis difuntos padres el destino de mi pintura, que es también tuya. Que lo negro se torne aún más negro, y lo blanco más blanco… Llévame de la mano. Cógela y guíame, como un director de orquesta, hacia la ignota lejanía…

—Me alegra oírte decir esas palabras… Pero siéntate un rato, tranquilízate.

—No hay tiempo, Bella. Prepárate, tenemos que irnos de aquí lo antes posible.

—¿Adónde?

—De momento, a Moscú. Voy a ir al Narkompros a hablar con el secretario. Le voy a decir: «Aquí los artistas más hábiles obtienen honorarios de primera clase, y yo, en lugar de honorarios, lo único que he obtenido ha sido una pulmonía. Denme la posibilidad de salir del país. Ni la Rusia zarista ni la Rusia soviética me necesitan».

—Y ¿no tienes miedo de que te detengan por decir eso? —le preguntó Bella.

—Bueno, sí; se lo diré con otras palabras. Estoy cansado. Pediré que me dejen marchar por ser innecesario para la revolución. Lo siento únicamente por los huérfanos de la colonia de Malájovka. Se acerca el momento en el que me veré obligado a dejarlos. Queridos pequeños, ¿qué será de vosotros? Cada vez que me acuerde de vosotros, se me encogerá el corazón.

En la estación moscovita de Briansk había las habituales apreturas, pero en el andén especial del que tenía que partir el expreso Moscú-Varsovia reinaban la limpieza y la calma. Junto a los vagones brillantes como el barniz, al lado de los jefes de tren, los chequistas verificaban los pasaportes.

—Señora Litvak —le dijo a Anna un hombre con abrigo y sombrero de color café—, quedan cinco minutos para la partida del tren. Todavía no ha pasado usted el control.

—Voy a esperar —dijo Anna—. El hombre con el que tengo previsto viajar se está retrasando.

—Señora Litvak —dijo el hombre en voz baja—, esta podría ser su última oportunidad. No podemos garantizarle que haya nuevas ocasiones.

—Voy a esperar —dijo Anna.

Sonó la campana, el revisor tocó el silbato. Los guardias fronterizos obstaculizaban el acceso a los estribos de los vagones, para que nadie saltase en el último momento al tren sin haber pasado por el control. Anna miró hacia atrás con pesar, a las luces del vagón de cola.

Shagal partió para el extranjero con su familia. En una estación fronteriza tomaron su último *borshch*,[119] servido en escudillas de soldados. Un revisor con un pequeño bolso charolado, apostado junto a un vagón alemán de color marrón oscuro, una vez comprobados los billetes, les dijo: «*Bitte*». Ya estaban en el extranjero. En el vagón, un vendedor de periódicos anunciaba: «*¡Be Zet*, última edición! ¡Mitin comunista en Berlín! ¡Los detalles de la huida del káiser Guillermo a Holanda! ¡Drama sangriento en la Prager Platz!».

Pero al otro lado de las ventanillas se sucedían, igual que antes, los pinos que ya acompañaban al tren mientras este recorría Polonia. Por cierto, que en aquellos tiempos Polonia ya era el extranjero.

—Espero que les haya llegado mi telegrama y que alguien vaya a recibirnos en Berlín —dijo Shagal—. Mi amigo Rubiner me escribió el año pasado, diciéndome que en Alemania ahora soy conocido y mis cuadros están muy bien valorados. De modo que podríamos contar con una buena suma.

—¿Será posible comprar algo de leche, o un poco de té por lo menos? —le preguntó Bella al jefe de tren.

—No, solo vendemos cerveza —dijo el revisor.

—Pero ¿cómo voy a darle cerveza a la niña? —dijo Bella.

—*Oh, Kind* —dijo el jefe de tren—; *jawoll*.[120]

Se marchó y volvió con una jarra de agua recién hervida, una lata de leche condensada y un paquete de galletas.

Shagal, viendo el precio de la lata y de las galletas, le tendió el dinero.

—*Nein* —dijo el jefe de tren—, *das ist wenig*;[121] poco, poco.

—Pero si viene escrito el precio —dijo Shagal, sorprendido.

119. Sopa de remolacha, muy popular en Rusia, Ucrania y Polonia.
120. «Oh, la niña; sí, señora», en alemán.
121. «No, eso es poco», en alemán.

—Esos precios son los de ayer —dijo el jefe de tren—; desde entonces el marco ha caído.

Y mencionó un precio varias veces más elevado.

—Menos mal que he comprado galletas en Polonia —dijo Bella—; denos solo la leche.

—Está visto que no se puede contar con el dinero alemán —dijo Shagal—. No sé, a lo mejor Walden me paga en dólares.

—Si es que te paga algo —dijo Bella—. Lo mismo piensa que te das por satisfecho con la fama.

El vagón estaba medio vacío: solo había alguna anciana en la parte delantera y un limpiador que barría el suelo con esmero. Pero en la siguiente estación se subieron cinco pasajeros: tres hombres y dos mujeres. Todos con el semblante alegre, encendido. De inmediato abrieron las ventanillas y empezaron a entonar a voz en grito un canto marcial, con el rostro al viento.

—Vamos a sentarnos más lejos —dijo Bella en voz baja—. ¿No podríamos cambiarnos a otro vagón? —le preguntó al revisor.

—Está prohibido —respondió el revisor.

—Es que aquí están cantando demasiado alto.

—Cantar en los vagones no está prohibido —dijo.

—¿Qué clase de normas son esas? —protestó Shagal—. Viajamos con una niña pequeña.

—Aquí en Alemania tenemos nuestras propias normas —dijo el revisor—. No tenemos por qué amoldarnos a los extranjeros. —Y, al pasar junto a la alegre compañía, se sumó al estribillo—: *Hejo, Rejo, Rejo-Rejo-Rejo.*

—¡Por el espíritu de la camaradería militar! —dijo un tipo gordo y alzó una botella abierta de cerveza—. Pronto todo será distinto. La resurrección de Alemania solo puede ser obra de los trabajadores. El socialismo alemán. ¿No oíste a Drexler[122] en el mitin de Múnich?

—No —dijo otro—, no sé quién es Drexler. ¿Quién es?

—Es un simple cerrajero de los talleres del ferrocarril —dijo el gordo—, pero habla de un modo que te llega al alma. Un buen trabajo para todo alemán, que nunca falte un puchero lleno en la cocina y que las familias tengan muchos hijos.

122. Anton Drexler (1884-1942), fundador en enero de 1919 del antisemita Partido de los Trabajadores Alemán, rebautizado como Partido Nacionalsocialista Obrero Alemán.

Miró a una de las muchachas y entonó con brío otra canción. Todos a coro lo secundaron.

Después la ruidosa compañía empezó a jugar un extraño juego. Le vendaban los ojos a uno de los hombres, el cual se tumbaba debajo del banco; entonces una de las muchachas se tumbaba en el banco, y el hombre tenía que acertar a meterle la mano debajo de la falda, pero una y otra vez, entre las risotadas de sus camaradas, fallaba por poco. Para distraerse un rato, Shagal sacó un libro y se puso a leer. De repente uno de los juerguistas, con grandes bigotes como los del káiser, se acercó a él al volver del servicio y le preguntó:

—¿Qué lees?

—Versos —respondió Shagal.

—Oh, me gustan los versos. ¿De qué poeta?

—De Tiútchev.

—¿Tiutche? *Komischer name.*[123] —Inesperadamente agarró el libro y lo tiró por la ventanilla—. *Singen* —dijo con voz de borracho—; *in Deutschland alle singen deutsche Lieder.*[124]

—No sé cantar canciones alemanas —dijo Shagal, procurando no mirar aquellos ojos inquietantes de borracho.

—Pero ¿esto puedes cantarlo, *Jude?*[125] —Y se puso a entonar un disparatado estribillo.

—*Joga, jo-go* —repitió Shagal, entre balbuceos.

—*Gut*, ¡qué bien lo haces! —se burló el bigotudo.

—Franz —lo llamaron—, ven aquí, es tu turno.

—Espera —dijo Franz—, estoy enseñando a este extranjero a cantar canciones alemanas. Canta —dijo, volviéndose hacia sus camaradas.

—Pronto le enseñaremos a todo el mundo nuestra fuerza —decía el gordo—; a los franceses, a los judíos, a los capitalistas, a los especuladores. En Múnich, en el Alte Rosenbad, en la Herrnstraße, oí al orador Adolf Hitler. Dijo: «Abajo la esclavitud del interés y la tiranía del capital judío».

---

123. «Un nombre cómico», en alemán.

124. «Cante. En Alemania todos cantan canciones alemanas», en alemán.

125. «Judío», en alemán.

166

Anocheció. El revisor pasó encendiendo velas y lámparas. La compañía, harta de tanto gritar, se calmó y empezó a roncar. Las muchachas, por cierto, no se quedaban atrás.

—Con tal de que Walden me pagase, aunque solo fuera una pequeña parte en dólares —dijo Shagal en voz baja—, deberíamos seguir cuanto antes hasta París. Así, a primera vista, Alemania me recuerda demasiado a Rusia. Tal vez eso se deba a que los dos países han perdido la guerra. Aunque también aquí hay algo peculiar, que, dicho sea de paso, ya se podía apreciar antes, en el expresionismo y el dadaísmo alemán. No simpatizo con el suprematismo de Malévich o de Ródchenko, pero hay que admitir, en todo caso, que se trata de arte. En cambio, en los ejemplos más exagerados del dadaísmo en lugar de sentimientos hay histerismo y desmesura. Los lienzos se desgañitan, igual que ese grupo de borrachos. No, estoy demasiado harto de la Rusia revolucionaria como para vivir en la Alemania revolucionaria.

—Y ¿por qué no viajamos a Palestina? —dijo Bella—. Al fin y al cabo, es el hogar de los judíos. Anna me habló de eso en un tono muy convincente.

—Probablemente Anna esté en lo cierto —dijo Shagal—, pero en cualquier caso yo me siento unido a Europa. Me gustaría viajar a Holanda, a Italia meridional, a la Provenza. Me gustaría pasar el tiempo en el museo de Madrid, con Velázquez y Goya. ¿Te acuerdas de aquel comandante? ¿Von Hagedorn? ¿Dónde estará ahora? Igual que algunos rusos no se sienten a gusto en la Rusia proletaria, me imagino que algunos alemanes no se sentirán a gusto en la Alemania proletaria.

—¡Qué horribles caras de pogromistas! —dijo Bella en voz baja.

—Eso no tiene remedio. No tenemos que pensar en ellos, ni tú ni yo. ¿Para qué voy a pensar en ellos? Prefiero pensar en mis padres, en Rembrandt, en Cézanne, en mi abuelo, en mi mujer. —Abrazó a Bella—. A pesar de todos los pesares, estamos de vuelta en Europa. Cuando entre en casa de mis artistas favoritos, mientras me quito el abrigo, les diré: «Ya veis, amigos míos, aquí me tenéis de vuelta. Estaba triste sin vosotros. Mi sueño es pintar cuadros. Después de todo lo que he visto, yo ya no entiendo a la gente. Pero mis cuadros sí que la entienden».

Al día siguiente, muy temprano, llegaron a Berlín. El tren ascendía sobre el viaducto, cada vez más alto, pasaban fugazmente las calles berlinesas, las farolas todavía encendidas después de la noche. Se detuvieron varias veces en pequeños apeaderos urbanos. Finalmente, el revisor anunció: «*Am Zoo*».

—Esta es nuestra estación —dijo Shagal.

El tren penetró lentamente bajo la enorme campana acristalada de la estación. Shagal vio a Walden por la ventanilla, acompañado por una mujer y por un hombre muy alto.

«No está Ludwig. ¿Por qué no habrá venido Rubiner?»

Walden abrazó a Shagal.

—¡Bienvenido! Les estábamos esperando. ¿Son su mujer y su hija? Encantado. Esta es mi mujer, Elsa.

—Ahora usted es aquí una celebridad —dijo Elsa—; le consideran el iniciador de una nueva corriente en el expresionismo. ¿Lo sabía?

—Rubiner me lo contó por carta —dijo Shagal—. Pero ¿por qué no ha venido Ludwig a la estación?

—Rubiner falleció recientemente —dijo Walden—. Se acordaba mucho de usted. Un hombre le entregó una carta suya, y se puso muy contento.

—Por lo visto, estoy condenado a una sucesión ininterrumpida de pérdidas —dijo Shagal.

—No hay nada que hacer —dijo Walden—; hay que seguir viviendo.

—Hay que seguir viviendo —repitió el alto—. ¿No me reconoces? ¿Te acuerdas de París, de la Colmena? Iván Petujóvich. Venga un beso.

Al abrazarse, despidió un tufo a alcohol.

Cogieron un coche de punto, echaron a andar.

—Os habíamos reservado un buen hotel —dijo Elsa Walden—, el hotel Fürst von Bismarck, pero en el último momento anularon la reserva: en Berlín se celebra una especie de congreso de propietarios agrarios prusianos, y aquí en general hay problemas con el alojamiento. Pero, de todos modos, os hemos encontrado una pensión estupenda.

—Es igual —dijo Shagal—, tampoco voy a estar mucho tiempo en Berlín. Solo quiero ocuparme de mis cuadros.

—¿Quiere regresar a Rusia? —preguntó Walden—. Me parece bien. Al fin y al cabo, allí hay una nueva vida; allí, en la Rusia Soviética, está la esperanza del mundo. Hace poco Maiakovski estuvo aquí, en Berlín, y hablamos con él largo y tendido sobre esta cuestión.

—No, yo quiero ir a París —dijo Shagal.

—¡Caramba! —exclamó decepcionado Walden—. Y ¿no le parece que acabará arrepintiéndose? Abandonar su gran patria en un momento de cambios colosales y optar por la Europa burguesa.

—Ya estoy cansado de transformaciones grandiosas —dijo Shagal—, quiero ir a París.

—Bueno, claro, también apetece visitar París —dijo Walden—; ver cómo está París después de la guerra… Hace poco recibí una carta de Canudo. ¿Se acuerda de Canudo? Pero, de todos modos, prefiero ir a Moscú, a Rusia, con el camarada Petujóvich, que se ha ofrecido a servirme de guía en un primer momento.

—¡A Moscú, a Moscú! —dijo Petujóvich—. En la Europa actual las cosas son difíciles para los rusos. Ya te convencerás tú mismo, Shagal. Aquí todo se ha vuelto desagradable, hasta el coñac… Pero ya hablaremos detenidamente de todo eso después… Confío en que puedas venir esta tarde al Romanisches Café, enfrente de la Gedächtniskirche…

En el Romanisches Café el cantante y la cantante, los dos con frac negro y sombrero de copa, interpretaban un *Schlager*[126] de moda, *«Schwarze Sonia»*. Las mesitas estaban ocupadas por hombres y mujeres de aire bohemio. Era difícil distinguir quién era escritor o artista y quién un vulgar estraperlista o una prostituta. Cerca de la mesa que ocupaban Walden y Shagal, dos hombres jóvenes con pecheras rosadas se ensalivaban el dedo y contaban marcos y dólares.

—Hace tan solo unos días —contaba Walden— estaba sentado a esta misma mesa con Maiakovski. Estaba entusiasmado: con Berlín, con el Romanischer Café, con todo.

126. «Canción de moda, hit musical», en alemán.

—Me imagino —dijo Shagal, echando un vistazo al café—; aquí estaba en su ambiente futurista.

—En este mismo Romanischer Café, Maiakovski escribió unos versos dedicados a mí, que ya han sido traducidos al alemán y han aparecido en mi revista *Der Sturm*. «Hoy camino por tu tierra, Alemania, y florece mi amor por ti, más y más novelesco…».[127]

—Sí, es su estilo —dijo Shagal—. Maiakovski entró una vez en una peluquería y dijo: «Péinenme las orejas…».[128] Ese es su estilo.

—¿A usted no le gusta Maiakovski?

—No me gusta la expresión «más novelesco». Es algo parecido al cuadrado negro de Malévich. Es una expresión que carece de sentido, solo vive el sonido.

—Eso es lo interesante —dijo Walden—; sonidos desprovistos de sentido; colores desprovistos de forma: transformaciones verdaderamente revolucionarias en el arte… ¡Qué rica, qué polifacética es ahora la vida en Moscú, en toda Rusia! Perdóneme, pero no comprendo cómo ha podido usted dejar Moscú en estos momentos. Justo cuando Moscú nos señala el camino a los berlineses. Maiakovski lo percibió.

—¿Lo percibió aquí, en el Romanischer Café?

—Deje de ironizar, Chagall. No son momentos para la ironía, sino para la épica. Para la épica revolucionaria. Maiakovski ha escrito: «A través del paso de Guillermo[129] de la puerta de Brandeburgo marcharán los obreros de Berlín después de vencer en la batalla. El Berlín trabajador le tiende su mano a Moscú».

—Pues yo en Moscú he estado a punto de estirar la pata —dijo Shagal.

—Lo entiendo —dijo Walden—; los problemas del crecimiento, las disputas, los disgustos. Pero las discrepancias creativas no pueden ser tomadas por una enemistad mortal. No hay que ser tan parcial. Fíjese, Maiakovski habló bien de usted, Chagall.

—Ya lo sé —dijo Shagal—, en uno de sus libros ha escrito: «Ojalá todo el mundo marchase como marcha Shagal». Shagal, en ruso, significa «marchar». Es un juego de palabras; en general, a los

127. Versos del poema «Alemania» (1922).
128. La anécdota procede del poema «No entienden nada» (1913), del propio Maiakovski.
129. Abertura central de la puerta de Brandeburgo, reservada al emperador.

futuristas les gusta jugar con los sentimientos o con las palabras, del mismo modo que los suprematistas juegan con las formas y con los colores. Pero yo soy un hombre callado, me gustan los colores alegres, pero no me gustan los colores chillones. En general, no me gusta que la gente dé gritos. Y Maiakovski continuamente está gritando más alto que los demás. Sus gritos y sus escupitajos en público me resultan desagradables. Tan desagradables como ese jovenzuelo y esas dos muchachas que están ahí chillando. —Unos robustos *Kellner*[130] sacaban de una mesa a unos jóvenes que estaban discutiendo a gritos—. Se comprende que Maiakovski guste aquí, en medio del futurismo berlinés. Pero ¿necesita acaso la poesía, necesita la pintura, necesita el arte tantísimo ruido? Si se trata de gritar y de escupir, que sea al menos al estilo de Yesenin.

—¿Le gusta Yesenin? —preguntó Walden—. Ese borrachín estuvo aquí hace poco. ¿Sabe cómo le llaman aquí? El Rasputín soviético.

—Seguramente es un hombre imperfecto y su poesía es imperfecta —dijo Shagal—, pero, en lugar de dar puñetazos en la mesa, se da puñetazos en el pecho con lágrimas en los ojos y, en lugar de escupir a los demás, escupe sobre su propia alma. Creo que, después de la poesía de Blok, la poesía de Yesenin es el único grito que sale del alma en la Rusia de hoy.

—De modo que, a pesar de todo, ¿usted ama Rusia? —dijo Walden.

—Sí, la amo.

—Y ¿por qué se ha marchado?

—Cada uno ama a su manera. Yo quise mucho a mi madre y a mi padre, pero no los vi muertos, y para mí siempre estarán vivos mientras yo viva, y solo morirán conmigo. Si los hubiera visto muertos, no sería capaz de pintarlos vivos en mis cuadros. Pienso que los apóstoles que vieron muerto a Cristo no habrían podido pintarlo vivo ni aun suponiendo que hubieran tenido el talento de Durero, de Rembrandt o del Veronés.

—Hay algo de verdad en sus palabras —dijo Walden—, pero solo para usted y para su destino. La verdad siempre es concreta, sobre todo en el arte.

130. «Camareros», en alemán.

Petujóvich se acercó a su mesa.

—Siento llegar tarde —dijo, sentándose al lado de Shagal; como de costumbre, apestaba a alcohol—. Me he encontrado con uno que acababa de llegar de Moscú. ¿Sabes de parte de quién me ha dado recuerdos? De Sonia. ¿Te acuerdas de mi modelo?

—Sí —dijo Shagal—, tuve ocasión de verla en Moscú, en otro papel.

—Para eso se hace una revolución —dijo Walden—; para que la gente desempeñe nuevos papeles, y no solo la gente, también las palabras y los colores, para que así resulten nuevos. El manifiesto de los futuristas lo expresa muy bien: las vocales para nosotros son el espacio y el tiempo; las consonantes son los colores, los sonidos, los olores...

—Bonitas palabras —dijo Shagal—, sobre todo para los mítines de los poetas y los artistas. Pero ¿qué voy a hacer yo en los mítines de los artistas? Mis discípulos de ayer, mis antiguos amigos y vecinos, dirigen el arte de toda Rusia. A mí me miran con desconfianza y compasión. No se dan cuenta de que yo ya no tengo ninguna exigencia. Acaso se deba al temor de que vuelvan a ofrecerme alguna vez una plaza como profesor. Pero, salvo yo, ¿quién no es profesor ahora en Rusia? Vete a Rusia, Vania —le dijo a Petujóvich—, y serás profesor.

—En ti, Shagal, habla el resentimiento —dijo Petujóvich—; he oído hablar de tus disputas con Malévich, con el grupo Valet de Diamantes[131] y con otros militantes revolucionarios.

—Uno de los miembros de Valet de Diamantes —dijo Shagal— me señaló con el dedo una farola de gas y proclamó con desdén: «A todos los que son como tú los cuelgan». Otro, al que Dios no premió con talento, se desgañitaba en un mitin: «¡Muerte al cuadro!». Esos exigen tener el mundo entero a su disposición, pero yo solo sueño con un cuartucho en París, donde me quepan una mesa, una cama y un caballete.

—Ya veo a qué se refiere —dijo Walden—; no obstante, el dinero que cobré por sus cuadros ahora es insignificante, y no tengo dólares.

131. Valet de Diamantes *(Bubnovy valet)* fue el nombre de un grupo de artistas de vanguardia surgido en Moscú en 1910.

—¿Qué puedo hacer? —preguntó Shagal.

—Voy a ponerle en contacto con un marchante de arte berlinés, Paul Cassirer.[132] ¿Ha traído usted algo nuevo?

—Algunos dibujos y acuarelas —dijo Shagal—, y el manuscrito del libro *Mi vida*, sobre mis años en Rusia. Todo este tiempo bulle en mi alma.

—Es posible que Cassirer le compre algo y que le pague en dólares.

—Con tal de que me pague… —dijo Shagal—. Estoy deseando tener por fin alguna estabilidad. Toda la vida he experimentado visiones premonitorias del vuelo. Pero, aunque esas visiones no fueran exactas, ¿no es cierto acaso que estamos suspendidos en el aire y sufrimos nuestra peor enfermedad: la manía de la estabilidad? Estoy deseando tener estabilidad.

En el pasillo del NKVD[133] de Vítebsk sonaban a todo volumen unas *chastushki*[134] rusas. La música llegaba desde detrás de una puerta con un letrero que decía: INVESTIGADOR JEFE S. H. VILENSKI. El teniente de guardia Vasilévich, con una sonrisa, le dijo a un agente:

—Qué bien montado lo tiene Vilenski. Golpea mientras suena el *patéfono*,[135] y así no se oyen los gritos. ¿Quién está con él?

—Zhígarev —dijo el agente—, el expresidente del *gorsovet*[136].

—Zhígarev ha firmado ya su confesión —dijo Vasilévich—, está en la lista de los que van a fusilar. Según las instrucciones, a esos ya no los vuelven a interrogar.

—No sé —el agente se encogió de hombros—; se conoce que no le habían sonsacado todo.

Sonó un timbre. Vasilévich se apresuró a ajustarse el cintu-

---

132. Paul Cassirer (1871-1926), galerista y editor alemán que contribuyó decisivamente a la promoción de numerosos artistas, entre ellos Van Gogh o Cézanne.

133. Siglas del *Narodny komissariat vnútrennyj* (Comisariado del Pueblo para Asuntos Internos), organismo gubernamental encargado de velar por la seguridad interior de la URSS; existió entre 1934 y 1954 y desempeñó un papel central en la represión estalinista.

134. Composiciones poéticas tradicionales rusas, en forma de cuartetas y de contenido irónico o satírico.

135. Especie de gramófono portátil; de origen francés, fue muy popular en Rusia y en la URSS hasta la década de 1950.

136. Acrónimo de *gorodskói sovet* («sóviet urbano»), institución de gobierno municipal.

rón, se estiró la *guimnastiorka*[137] y se acercó a la puerta de Vilenski. En el suelo, en medio de un charco de sangre, yacía el antiguo presidente del *ispolkom* Zhígarev. Vilenski, en un rincón, se lavaba las manos con una jofaina.

—Carroña trotskista —dijo con voz ronca—, hace ya mucho tiempo que habría que haberlo llevado al desolladero. Teníamos cuentas pendientes desde el año diecinueve.

—Aún respira —dijo Vasilévich, rozando con su bota reluciente la barbilla de Zhígarev y echándole la cabeza hacia un lado—. Aquí ya no hay nada que fusilar, Solomón Haímovich. Se le remata de un culatazo y se hace constar en el acta: «Sentencia cumplida».

—Llévatelo, Vasilévich, y haz como dices —dijo Vilenski, volviendo a su mesa.

El teniente de guardia llamó a dos agentes, que se llevaron a Zhígarev. En la mesa de Vilenski había una caja de bombones Moscú Rojo, una caja de pastas de almendra y una botella de vino. Vilenski, con mano trémula, cogió un bombón y se lo llevó a la boca.

—Debería cuidarse, Solomón Haímovich —dijo Vasilévich—, trabaja usted sin descanso.

—Ya descansaremos, Vasilévich, cuando nos toquen la Internacional y nos canten «Habéis caído, víctimas…».[138] —Vilenski sirvió vino, salpicando en la mesa—. ¿Te apetece vino georgiano? Tsinandali, el favorito del camarada Stalin. —Llenó un segundo vaso.

—Ya es tarde —dijo Vasilévich—, ¿no se marcha usted a casa?

—Aún tengo que hablar con una sionista. Tráeme a Litvak Anna.

Subieron del sótano a Anna: estaba exhausta, demacrada.

—Bueno, ¿qué? —dijo Vilenski, mirándola—. Así que vosotros, los sionistas, lloráis y os quejáis de que a los judíos nos va

---

137. Especie de blusón largo, con faldón y cerrado hasta el cuello, que formó parte desde 1869 del uniforme de verano de las tropas rusas y posteriormente, y hasta 1943, de las soviéticas. Ya antes, en 1862, la prenda había sido introducida para su uso en la ejercitación física de los soldados; de ahí su nombre de *guimnastícheskaia rubaja* («camisa gimnástica»), que pronto se abrevió en *guimnastiorka*.

138. Réquiem revolucionario escrito hacia 1880 por A. Arjánguelski (pseudónimo de Antón Aleksándrovich Amósov, de quien apenas se conocen datos).

muy mal en la Unión Soviética. Pues fíjate en mí. Soy hijo de un modesto carretero y ahora soy comandante, ocupo un puesto de responsabilidad, y el Primero de Mayo me han condecorado con la orden de la Estrella Roja. ¿Te acuerdas de cómo te reías de mí? Me llamabas Solomón el mocoso. Mira quién eres tú y quién soy yo. Dónde estás tú y dónde estoy yo. Y dónde está ese Shagal, al que tú querías. Está con los emigrantes fascistas. ¿Querías a ese fascista?

—Sí, lo quería.

—¿Y a mí?

—A ti no, Solomón el mocoso.

—¡Sionista! —gritó Solomón—. ¡La voz del chovinismo judío no se va a escuchar en nuestro país!

Se acercó al *patéfono* e hizo sonar la canción popular judía «Varnichkes».

En la cálida noche de mayo, la *polutorka*[139] en la que Anna, con la cara hinchada y ennegrecida, viajaba en compañía de otras personas se desvió del camino y avanzó por una pista forestal hasta llegar a un terreno vallado en la espesura del bosque, donde el pelotón de fusilamiento ya esperaba al borde de una fosa.

En medio de un paisaje distinto, otro camión —pesado, achatado, alemán— marchaba por la carretera. Los campos polacos quedaban atrás y las personas que iban sentadas en el suelo del camión los miraban con los ojos bañados en lágrimas. Entre estas personas estaban Zusia y Aminodav.

—Zusia, acuérdate del camino —le dijo en un susurro Aminodav.

—¿Tú crees que vamos a regresar? —preguntó Zusia.

—Siempre hay que confiar en que Dios se acuerde de nosotros.

—Dios se acuerda de nosotros y nos bendice —dijo Zusia.

—A callar, *Jude* —dijo el escolta alemán y le dio un culatazo en la espalda a Zusia.

---

139. Polutorka (literalmente, «de una y media») es el nombre coloquial de la GAZ-AA, una camioneta de 1,5 toneladas de carga, basada en la Ford Model AA, fabricada en la Unión Soviética a partir de 1932.

Una boda polaca con varios faetones venía a su encuentro. En uno de aquellos faetones unos músicos interpretaban un *krakowiak*.[140] Se detuvieron y miraron con aire divertido. En el arcén había varios tanques alemanes. Los alegres tanquistas, con la piel bronceada, en ropa interior, se echaban agua unos a otros, riendo a carcajadas.

—*Juden kaputt!* —gritó uno de ellos.

—Ojalá fuera posible juntar también a todos los piojos y mandarlos a Auschwitz con los judíos —dijo otro y estalló en una risotada.

Al llegar a la altura de un poste donde ponía AUSCHWITZ, el camión se desvió.

Vilenski dormía en su alcoba, en una amplia cama de níquel acolchada, con el pijama de seda abierto a la altura del pecho, al lado de su mujer, una señora gorda con bigudíes. Como en toda casa decente, alrededor había unas alfombras, un diván con borlas, un armario de caoba y una mesita de tocador con espejo en la que se alineaban unas figuritas de elefantes y unas muñequitas, si bien a su lado también se encontraba *El capital* de Marx y algún folleto de la Osoaviajim.[141] El reloj de mesa señalaba las dos y media de la madrugada cuando se oyó un repentino timbrazo en la puerta. Vilenski, cansado, farfulló algo y se volvió hacia el otro lado, pero su mujer se levantó, se puso la bata encima del camisón de seda y, arrastrando las pantuflas, salió al pasillo.

—¿Quién es? —preguntó.

—Un telegrama —respondió una voz de hombre.

—Solomón, un telegrama para ti —dijo la mujer.

Al oír la palabra «telegrama», Vilenski se levantó de un salto, como movido por un resorte.

—¡No abras! —gritó nervioso y se puso a dar vueltas en pijama por la habitación. Volvieron a llamar, esta vez con más in-

---

140. Danza polaca sincopada, originaria de la región de Cracovia.

141. Acrónimo de la *Óbshchestvo sodeistvia oborone, aviatsiónnomu i jimícheskomu stroítelstvu* (Sociedad de Asistencia a la Defensa y a las Industrias Química y de Aviación), creada en 1927 para contribuir a la «preparación patriótica» y el entrenamiento paramilitar.

sistencia—. No abras —repitió, poniéndose encima del pijama, con mano temblorosa, los pantalones de uniforme ribeteados y la *guimnastiorka* con la orden de la Estrella Roja.

—¿Qué ha pasado, Solomónchik? —preguntó llorando la mujer—. ¿Y si es un telegrama de verdad?

—No abras —insistió Vilenski—, yo mismo he llevado esa clase de telegramas a las tres de la madrugada. Los enemigos, los trotskistas, quieren denigrar a los honrados comunistas, a los honrados chequistas.

—¡Abre, Vilenski! —gritaban desde fuera—. ¡Vamos a echar la puerta abajo!

Se oyeron unos golpes tremendos, la puerta se estremeció.

—¡No, yo no me rindo! —exclamó Vilenski y, después de recorrer la habitación con la mirada, arrancó de una pared el retrato de Stalin. Con el retrato apretado contra el pecho, salió precipitadamente al balcón. Hacía una noche fresca. Abajo, a lo lejos, las luces de los automóviles pasaban de largo junto al portal y se veían unas fugaces siluetas con abrigo—. ¡Viva el comunismo! —gritó Vilenski y, con el retrato de Stalin en las manos, se lanzó cabeza abajo desde el balcón del cuarto piso.

Aquella ciudad portuaria del sur de Francia, atenazada por la inquietud, parecía desierta. Por todas partes se veían automóviles abandonados. En la habitación de un pequeño hotel, Shagal se paseaba nervioso entre las maletas ya cerradas, mientras miraba por la ventana.

—No sirve de nada seguir esperando el taxi que hemos avisado —dijo Bella—, está claro que no va a venir.

—Si el taxi tarda mucho en venir, vamos a llegar al puerto con retraso —dijo Shagal—, y esta es nuestra última oportunidad para ir a América. El último vapor… ¡Ayúdanos, Señor!

—Voy a buscar un taxi —dijo Bella— o algún otro medio de transporte.

—Voy contigo —se ofreció su hija.

—No, voy yo sola, quédate con tu padre, ya ves lo nervioso que está.

—Estoy más sereno que vosotras —dijo Shagal, atusándose los pelos alborotados con su mano temblorosa—. No permito que vayas, Bella, hay mucha agitación en las calles. ¿Qué es eso de que vas a ir tú? Iré yo, que soy el hombre aquí.

—Encontraré un taxi —dijo Bella—, no tenemos otra opción.

Se puso el abrigo y se dirigió a la puerta.

—Bella —la llamó Shagal; ella se detuvo—. Bella. —La abrazó y la besó.

—No tienes por qué despedirte de mí, Mark. Todo va a salir bien.

—Tengo miedo —dijo Shagal—, tengo miedo por ti, por nuestra hija, por mí, por todo este mundo enloquecido. En la prefectura, donde me dieron ayer los visados, cuelga un aviso: TODOS LOS EXTRANJEROS ESTÁN OBLIGADOS A REGISTRARSE. Naturalmente, a quienes se refiere ese aviso, antes que a nadie, es a los judíos.

—Pero nosotros tenemos una invitación del Museo de Arte Moderno de Nueva York —dijo la hija.

—Se burlaban del arte contemporáneo —dijo Shagal—, y en realidad de cualquier otro arte. Ahora, cuando hasta París, la capital de las artes plásticas, la ciudad que todos los artistas del mundo solían visitar, está muerta, ¿qué importancia puede tener el arte para un prefecto de provincias? Y, en general, ¿qué importancia puede tener para nadie el arte hoy en día? Hace poco me he enterado por casualidad, a través de un emigrante alemán, de que Walden… ¿te acuerdas de aquel artista alemán que fue a recibirnos en Berlín?… Walden ha muerto cerca de Magadán,[142] en un campo de concentración soviético. Él, que tanto amaba la Rusia soviética. El mundo entero ha enloquecido. Ya no hay donde esconderse. Nos queda América, a lo sumo.

—Razón de más para darnos prisa si queremos viajar a América —dijo Bella—. Voy a buscar un taxi. —Y salió.

Se hizo el silencio. Se podía oír cómo en la calle alguien hablaba en voz alta en alemán.

—¿Dónde va a encontrar un taxi? —dijo la hija, cuchicheando—. No hay gasolina en la ciudad.

---

142. Ciudad portuaria de la Rusia asiática, a orillas del mar de Ojotsk; en tiempos de Stalin fue uno de los principales puntos de tránsito de los prisioneros que se dirigían a los campos de trabajos forzados. En realidad, Herwarth Walden murió a finales de 1941, varios meses después de haber sido detenido, en una prisión de Sarátov, en el sudeste de la Rusia europea.

—¿Por qué la habré dejado salir? —dijo Shagal en voz baja—. Nunca me lo voy a perdonar. Un hombre como yo aquí escondido, mientras mi mujer recorre las calles llenas de peligros.

—Ahora el peligro está por todas partes —susurró la hija.

Se oyeron unos pasos pesados en la escalera. Dijeron algo en alemán, en voz alta, se rieron a carcajadas.

—*Mein Süßer*[143] —dijo una mujer con acento francés.

Shagal rezaba, moviendo los labios en silencio. Los pasos pesados empezaron a alejarse, sonó un portazo. Se hizo el silencio. Finalmente se oyeron unos pasos ligeros en la escalera. Llamaron a la puerta con mucho sigilo.

—Deprisa —dijo Bella—, he encontrado una furgoneta de correos; le he dado un anillo al conductor y le he prometido darle mis pendientes en el puerto.

En el escenario de la Ópera Metropolitana de Nueva York se realizaban los ensayos del ballet *El pájaro de fuego*, de Stravinski. En medio de unas rocas, en lo alto de una montaña, se alzaba el castillo del malvado zar Koshchéi el Inmortal. Aparece despacio el Jinete de la Noche, montado en un caballo negro, él mismo vestido de negro. Cuando se aleja, todo se ha tornado oscuro. Tan solo unas manzanas doradas brillan en el árbol. Pero al instante el jardín se ilumina con la intensa luz del Pájaro de Fuego. El zarévich Iván, que persigue al Pájaro de Fuego, tropieza por todas partes con monstruos petrificados.

En la sala, sentados a una mesita, con el maestro de *ballet*, estaban Shagal y Bella.

—He aquí un ejemplo de formas sonoras —decía Shagal—; la pintura tiene que responder a la música.

—No obstante, hay que contar con la tercera dimensión, Mark Zajárovich —dijo el maestro de *ballet*—, con la profundidad de la sala. El espectador está sentado en la sala, no se encuentra a unos cuantos *vershkí*[144] de distancia, como en una exposición.

—Aun admitiendo que algunos detalles se pueden perder —dijo Shagal—, lo cierto es que sin esos detalles no es posible

---

143. «Cariño», en alemán.
144. El *vershok* (en plural, *vershki*) era una antigua medida rusa de longitud, equivalente a 4,445 cm.

crear la gama general de colores. Las manzanas doradas, la luz de la luna, los vestidos del Pájaro de Fuego y del zarévich Iván… todo eso tiene que flamear, que lanzar chispas. El modelo ígneo para el *ballet* de Stravinski es el incendio… La sensación del incendio me resulta muy familiar desde la infancia, no en vano nací durante un incendio… ¡Cómo me gustaban los incendios de Vítebsk! —dijo de pronto Shagal, sonriendo como en sueños—. ¿Te acuerdas, Bella, de nuestros incendios de Vítebsk?

—Me acuerdo de cómo ardía la sinagoga —dijo Bella.

—Oh, el incendio en la sinagoga —se sonrió Shagal—, qué cuadro más bonito; aquel incendio lejano, tan acogedor, al lado de las terribles ruinas humeantes que nos deja la guerra en estos días. Resulta tan reconfortante. Aquella ciudad nuestra tan tranquila. El cielo de un azul turbio, casi negro. Algo más azul por el lado izquierdo. Y la luz divina que irradia desde las alturas.

—No recuerdo todos esos detalles —dijo Bella—; yo, por desgracia, no tengo tan desarrollada la fantasía creativa.

—Yo no lo llamaría «fantasía» —dijo Shagal—. Soy contrario a los conceptos de *fantasía* y *simbolismo*. Todo nuestro mundo interior es una realidad y resulta más creíble, por cierto, que el mundo que vemos…

—Disculpe, Mark Zajárovich —dijo el maestro de *ballet*. Subió al escenario por una escalerilla y se dirigió a unos niños vestidos como esclavos—: los esclavos irrumpen en escena dando un gran salto y haciendo un giro en el aire, con las piernas encogidas… Os lo enseño. —Y saltó desde una gran altura, cayendo en cuclillas. Los niños que hacían de esclavos empezaron a saltar hacia abajo, imitando el ejemplo del maestro de *ballet*—. Creía que me iba a romper la crisma —le dijo a Shagal el maestro de *ballet*—. Durante los ensayos, en el suelo liso, todo sale muy bien, pero luego en el escenario hay que saltar desde una roca que está a unos dos *sázheny*[145] de altura. Realmente, es como para asustarse.

Sonaron los últimos acordes. El ensayo llegaba a su fin.

—¿Cuándo se propone estrenar el espectáculo? —preguntó Shagal.

145. El *sazhen* o *sazhén* (en plural, *sázheny* o *sazheny*) era una medida rusa de longitud, equivalente a 2,13 m, aproximadamente.

—Difícilmente llegaremos a tiempo para la temporada del año cuarenta y cuatro —dijo el maestro de *ballet*—; lo más probable es que abramos con este ballet la temporada del cuarenta y cinco.

—En la música de Stravinski hay un elemento onomatopéyico admirable —dijo Shagal—; empiezo a tener la sensación de que ya he oído esta música en la infancia, cuando ardía la sinagoga de Vítebsk. ¡Oh, aquello sí que era una verdadera sinfonía! El humo saliendo del tejado, los gemidos de los rollos de la Torá al arder, los gritos del altar. Los cristales de las ventanas resquebrajándose, estallando en mil pedazos. El fuego que se expande en todas direcciones, el humo cubriendo el cielo casi por completo y reflejándose en el agua, y todo eso bajo los compases de la música de Stravinski. Recuerdo cómo fui corriendo a mi casa, con ánimo de despedirme de ella, una vez que estalló un gran incendio en el barrio judío. Las cenizas ya estaban cayendo sobre la casa, que parecía como aturdida. Mi padre y yo, y todos nuestros vecinos, la remojamos a base de bien. Así se salvó.

—Sí que te gustan los incendios —observó Bella.

—Me gustan la imagen de los incendios —dijo Shagal—, pero no me gusta que arda mi casa.

La lluvia resonaba con fuerza, monótonamente.

—Ahí tienes las onomatopeyas de Stravinski —dijo Bella con alegría—; parece que tenemos concierto para muchas horas. Deprisa, aquí al lado hay una parada de taxi. —Iba taconeando sobre el asfalto mojado. Shagal corría detrás. La lluvia y el viento cayeron de improviso sobre ellos, empezaron a empaparles la ropa, a Shagal se le voló el sombrero—. ¡Vaya, se me ha roto un tacón! —exclamó divertida Bella y, tras quitarse los zapatos, siguió descalza, chapoteando entre los charcos.

—¡Te vas a enfriar! —gritó Shagal, mientras intentaba atrapar su sombrero. Brilló un relámpago, retumbó un trueno.

—Tiene una infección aguda, causada por el resfriado —decía el doctor, inclinado sobre Bella, que se agitaba presa de la fiebre.

Shagal estaba sentado inmóvil, como petrificado.

—¿Hay esperanzas, doctor? —preguntó alguien.

—Haremos todo lo posible —dijo el médico—, pero la infección es muy severa. Equinococosis pulmonar.

—Equinococosis —balbuceó Shagal con los labios entumecidos.

Bella yacía muerta sobre la mesa. Habían velado los espejos. En la penumbra del cuarto, el rostro angelical de Bella, blanco como la nieve, parecía brillar. Unas confusas siluetas humanas iban desfilando fugazmente por su lado. El aroma de las flores naturales era nauseabundo.

—Mi ángel ya no está —dijo Shagal, mirando al vacío—. Vestida de pies a cabeza de negro o de blanco, llevaba mucho tiempo apareciendo en mis cuadros, como el ángel de la guarda de mi pintura. Jamás empezaba un solo cuadro, un solo dibujo, sin haberle pedido consejo. Nunca más voy a coger un pincel.

La víspera de la fiesta judía del Yom Kipur en la sinagoga de Nueva York, atestada de gente, ardían unas velas enormes y se oían sollozos. Decían los judíos:

—Así vivamos todos largos años… Por mi difunta madre… Por mi difunto hijo pequeño.

Se pedían perdón unos a otros y se perdonaban mutuamente sus ofensas. Los padres imponían las manos sobre la cabeza de sus retoños, bendecían incluso a los hijos adultos. Por fin descorrieron el velo y sacaron los rollos de la Torá. Todos se acercaron a la Torá, deseosos de tocarla y besarla. Solo Shagal se quedó inmóvil, sentado en la fila trasera, sin rezar: se limitaba a esperar y callar. Al verlo, el rabino se dirigió a él y le preguntó:

—¿Por qué no rezas?

—Él me lo ha quitado todo —respondió Shagal—, no tengo de qué hablar con Él.

—Pero hoy es la víspera de la fiesta del Yom Kipur. ¿No podrías perdonarlo, por ser la fiesta que es? —Shagal no se movía, guardaba silencio—. Si no has dicho que no, es que has dicho que sí —dijo el rabino—. ¿Me oyes? —Shagal levantó los ojos—. Por la fiesta, Él te perdona. Perdónalo tú también.

Había grupos de gente reunida a la orilla del Hudson.

—El Rosh Hashaná —decían— es una fiesta sagrada. Que Dios nos conceda un dulce año nuevo.

Los hombres daban la vuelta a los bolsillos, inclinándose hacia el río. Pañuelos, pedazos de papel, migas: todo iba cayendo al agua. Entre aquellos hombres estaba también Shagal.

En el escenario de la Ópera Metropolitana seguían los ensayos. Shagal, pálido y demacrado, se encontraba en el palco del director. Se acercó un encargado.

—*Mister* Chagall, un hombre le espera en el vestíbulo.

—¿Quién?

—Me ha pedido que le diga que se llama Aminodav.

Shagal se levantó a toda prisa, salió al vestíbulo. Se encontró con un anciano encorvado y encanecido. Se abrazaron.

—He sabido de ti por la prensa —dijo Aminodav.

Mark y Aminodav estuvieron hablando toda la noche.

—Has conseguido lo que te proponías, te has convertido en un pintor famoso —dijo Aminodav—. En mi opinión, el hombre que ha conseguido lo que se proponía lo sabe todo de la vida.

—¿Qué sé yo de la vida? —dijo Shagal—. Tengo la impresión de que en toda mi vida solo he aprendido a morir. Pero eran otros los que morían por mí, hasta que murió Bella. No sé cuánto me queda, pero ahora la muerte siempre está conmigo, ahora la tengo dentro de mí.

—Solo quien tiene suerte sobrevive —dijo Aminodav—. Mira, yo he sobrevivido en Oświęcim. Fui a parar a una cuadrilla de enterradores que se encargaba de sacar los cadáveres de las cámaras de gas y los transportaba al crematorio. A Zusia, en cambio, lo asfixiaron con gas y luego lo quemaron. ¿Te acuerdas de cómo Zusia, de niño, había decidido ser gordo para arder más despacio? Pero ha resultado que los gordos y los flacos arden de idéntico modo.

—Una vez mi difunto padre me contó una estampa jasídica. El hombre es como un condenado a muerte que va en una telega tirada por dos caballos, uno blanco y otro negro. Los caballos se llaman Día y Noche y, Dios mío, hay que ver cómo corren.

—Todas las vidas tienen un final —dijo Aminodav—; a unas les llega antes, a otras después.

—Sí, todas las vidas lo tienen —dijo Shagal—. Solo la muerte no tiene final. Pero el arte no es la vida ni es la muerte, es un cuento donde lo uno y lo otro existen simultáneamente.

A la mañana siguiente, Shagal fue a despedirse de Aminodav.

—Me imagino que necesitarás dinero… —quiso saber Shagal—. Toma. —Y le tendió un sobre—. Te lo debía. ¿Te acuerdas de París, cuando éramos jóvenes?

—Gracias. —Aminodav cogió el sobre—. Mientras vivamos, seguiremos encontrándonos… Pero ¿la muerte? ¿Qué es la muerte? Es como doblar una esquina. —Abrazó a Shagal y dobló la esquina.

Shagal se quedó parado delante del escaparate de una tienda de electrodomésticos. Parpadeaban en silencio los televisores. De improviso, Shagal fue a toda prisa, casi a la carrera, hasta la esquina. Los viandantes pasaban por la calle, Aminodav no estaba entre ellos. Entonces Shagal regresó junto al escaparate. Los televisores parpadeaban en silencio.

La mañana clara y calurosa, propia del sur de Francia, reverberaba en las ventanas de la espléndida mansión, una entre tantas en Saint-Paul-de-Vence, pequeña localidad de millonarios, turistas con la bolsa llena, restaurantes caros, prestigiosas galerías de arte, pistas de tenis e incontables macizos de flores.

Una joven enfermera llevaba por el pasillo de la primera planta en un carrito de inválido a un hombre muy anciano con unos vivos ojos chagallianos y una sonrisa chagalliana en el rostro reseco, apergaminado.

—Enfermera —dijo Chagall con una voz débil, pero clara—, ¿qué día es hoy?

—28 de marzo.

—¿Y el año?

—1985, *monsieur*.

—Cuando vives demasiado en el tiempo y en el espacio, te olvidas de los detalles cotidianos. ¿Cómo se llama usted?

—Josanne.

—Es la primera vez que la veo, Josanne; ¿es nueva?

—Sí, *monsieur*.

—¿Cuántos años tiene?

—Veinticinco, *monsieur*.

—Pues yo noventa y ocho… Podríamos hacer una buena pareja. Ya me gustaría levantarme de esta silla de ruedas e ir a desayunar con usted a uno de esos restaurantes… Sus ojos y su pelo me traen a la memoria algo lejano, pero que me conmueve el corazón. Lo mismo que podría conmoverme la reproducción admirable de un original muy querido, aunque ya olvidado.

—Bromea usted, *monsieur*.

—¿Que yo bromeo? La que bromea es la aciaga actualidad. Acérqueme a la ventana.

—Pero… es su hora del desayuno. El doctor le ha ordenado que observe la más estricta puntualidad en sus desayunos.

—No pasa nada, Josanne —dijo Chagall—, hoy vamos a hacer una excepción. Hoy es un día especial. Hoy me he despertado más animoso que nunca… Abra la ventana… —La enfermera abrió la ventana—. ¡Qué aire! —Chagall respiró hondo—. Hoy aquí, en Saint-Paul-de-Vence, respiro el aire de mi infancia. El aire de Vítebsk. ¡Quién pudiera echar a volar en este aire! —Cogió la cálida mano de ella con sus dedos decrépitos—. Volar los dos juntos, como ángeles alados. La gente empezaría a preguntar: «¿Quiénes son esos que vuelan?». ¿Usted nunca ha tenido ocasión de volar, Josanne?

—En avión, *monsieur*.

—En avión… Vuela un aeroplano… Qué pena que haya olvidado esos versos tan estupendos, solo me acuerdo de la primera línea. Lástima. Pero le contaré un secreto: todos mis cuadros los he pintado en pleno vuelo. Yo nunca he admitido la ley de la gravedad. Solo ahora, en este sillón de inválido, me veo obligado a someterme a ella. Sí, no he tenido más remedio que someterme, pero no creo en esa ley. Creo en el profeta Elías, el profeta que volaba en un carro blanco. Me acuerdo claramente de cuando mi padre levantaba la copa de vino tinto de Pascua y mandaba abrir la puerta de la calle, para que entrara el profeta… El haz de estrellas plateadas sobre el fondo aterciopelado del cielo azul me nubla la vista. Oigo voces. ¿Quiénes son? Son Moisés y el propio Dios, debatiendo acerca de nuestra existencia.

—Ya va siendo hora de que se tome su desayuno, *monsieur* Chagall —dijo la enfermera, retirando la mano y situándose detrás de la silla—. El doctor le ha prohibido que hable en exceso. Influye negativamente sobre la tensión.

—Médicos —se sonrió Chagall—, ¿qué sabrán los médicos? Una vez, cuando era niño, me mordió un perro rabioso, y los médicos anunciaron que me iba a morir antes de cuatro días. Y, por ahora, solo me faltan dos años para llegar a los cien. He vivido tanto que, seguramente, la luz de los cirios pascuales que ardieron en mi infancia pronto llegará hasta la Luna.

Y firmó con el dedo en el cristal empañado: «Chagall».

La enfermera empujó el carrito por todo el pasillo. Al final había un ascensor, que comunicaba el primer piso con la planta baja.

—¿Viene a desayunar conmigo, Josanne? —le preguntó Chagall.

—No —respondió Josanne—, abajo le espera Béatrice, la otra enfermera.

Apretó un botón para llamar al ascensor.

—¿No la habré cansado con mi cháchara?

—No, qué cosas tiene, *monsieur*, en absoluto.

—Vamos, que no me conservo tan mal a mis noventa y ocho años. De todos modos, perdóname, Señor, si no he sabido transmitir con esta cháchara insensata todo ese absurdo amor que siento por la humanidad en general. Aunque mis parientes y las mujeres de las que estuve enamorado son más sagrados para mí que el resto de la gente. Esa es mi voluntad.

—El ascensor lo espera, *monsieur* —dijo Josanne.

—El ascensor. Solo me falta ahora quedarme atrapado en el ascensor, como la última vez.

—Esperaré, *monsieur*, hasta que le recoja en el piso de abajo la enfermera Béatrice. Adiós, *monsieur*.

Josanne metió el carrito en el ascensor.

—Pienso —dijo Chagall— que, cuando yo ya no esté, en el

mundo todo será completamente distinto. Pero ¿existirá entonces este mundo?

Se cerraron las puertas del ascensor.

—*Monsieur* Chagall va para allí —dijo Josanne por el micrófono a la enfermera Béatrice, que esperaba en la planta baja.

El ascensor bajaba muy despacio. Por fin se detuvo, se abrieron las puertas.

—Buenos días, *monsieur*, el desayuno está listo —dijo la enfermera Béatrice.

Chagall no respondió. Cuando la enfermera sacó el carrito del ascensor, estaba sentado, con la cabeza ligeramente inclinada hacia el hombro derecho, el semblante sereno, la boca entreabierta.

—¿Ha llegado *monsieur* Chagall? —preguntó Josanne por el micrófono.

—*Monsieur* Chagall ha muerto en el ascensor —dijo la enfermera Béatrice.

La enfermera Josanne se volvió sin querer hacia la ventana, hacia el último autógrafo que había dejado Chagall. Pero la lluvia, que acababa de empezar, lavó las letras. La inscripción resbaló por el cristal.